CONTES ET NOUVELLES

DE

LA FONTAINE

AVEC

PRÉFACE, NOTES ET GLOSSAIRE

PAR

M. PIERRE JANNET

TOME II

PARIS

CHEZ E. PICARD, LIBRAIRE

Quai des Grands-Augustins, 47

MDCCCLXVII

CONTES

DE

LA FONTAINE

PARIS.—IMPRIMÉ CHEZ JULES BONAVENTURE,
quai des Grands-Augustins, 55.

CONTES ET NOUVELLES

DE

LA FONTAINE

AVEC

PRÉFACE, NOTES ET GLOSSAIRE

PAR

M. PIERRE JANNET

TOME II

PARIS

CHEZ E. PICARD, LIBRAIRE

Quai des Grands-Augustins, 47

M DCCC LXVII

1867

NOUVEAUX CONTES

(QUATRIESME PARTIE)

I. — COMMENT L'ESPRIT VIENT AUX FILLES

Il est un jeu divertissant sur tous,
Jeu dont l'ardeur souvent se renouvelle;
Ce qui m'en plaist, c'est que tant de cervelle
N'y fait besoin et ne sert de deux cloux.
Or, devinez comment ce jeu s'appelle.
  Vous y jouez, comme aussi faisons-nous;
Il divertit et la laide et la belle ;
Soit jour, soit nuit, à toute heure il est doux :
Car on y voit assez clair sans chandelle.
Or, devinez comment ce jeu s'appelle.
  Le beau du jeu n'est connu de l'époux ;
C'est chez l'amant que ce plaisir excelle :
De regardans, pour y juger des coups,
Il n'en faut point ; jamais on n'y querelle.
Or, devinez comment ce jeu s'appelle.
  Qu'importe-t-il ? Sans s'arrester au nom,
Ny badiner là dessus davantage,
Je vais encor vous en dire un usage :
Il fait venir l'esprit et la raison.

Nous le voyons en mainte bestiole.
Avant que Lise allast en cette école,
Lise n'estoit qu'un miserable oyson.
Coudre et filer c'estoit son exercice,
Non pas le sien, mais celuy de ses doigts ;
Car que l'esprit eust part à cet office,
Ne le croyez ; il n'étoit nuls emplois
Où Lise peust avoir l'ame occupée :
Lise songeoit autant que sa poupée.
Cent fois le jour sa mere luy disoit :
« Va-t-en chercher de l'esprit, malheureuse.»
La pauvre fille aussi-tost s'en alloit
Chez les voisins, affligée et honteuse,
Leur demandant où se vendoit l'esprit.
On en rioit ; à la fin l'on luy dit :
« Allez trouver Pere Bonaventure,
Car il en a bonne provision.»
Incontinent la jeune creature
S'en va le voir, non sans confusion :
Elle craignoit que ce ne fust dommage
De détourner ainsi tel personnage.
« Me voudroit-il faire de tels presens,
A moy qui n'ay que quatorze ou quinze ans?
Vaux-je cela ?» disoit en soy la belle.
Son innocence augmentoit ses appas :
Amour n'avoit à son croc de pucelle
Dont il creust faire un aussi bon repas.
« Mon Reverend, dit-elle au beat homme,
Je viens vous voir ; des personnes m'ont dit
Qu'en ce Couvent on vendoit de l'esprit ;
Vôtre plaisir seroit-il qu'à credit
J'en pusse avoir ? non pas pour grosse somme,
A gros achapt mon tresor ne suffit ;
Je reviendray s'il m'en faut davantage,
Et cependant prenez cecy pour gage. »

A ce discours, je ne sçais quel anneau,
Qu'elle tiroit de son doigt avec peine,
Ne venant point, le Pere dit : « Tout beau !
Nous pourvoirons à ce qui vous ameine,
Sans exiger nul salaire de vous :
Il est marchande et marchande, entre nous :
A l'une on vend ce qu'à l'autre l'on donne.
Entrez icy, suivez moy hardiment ;
Nul ne nous voit, ancun ne nous entend ;
Tous sont au chœur ; le portier est personne
Entierement à ma devotion,
Et ces murs ont de la discretion.»
Elle le suit ; ils vont à sa cellule.
Mon Reverend la jette sur un lit,
Veut la baiser ; la pauvrette recule
Un peu la teste, et l'innocente dit :
« Quoy ! c'est ainsi qu'on donne de l'esprit?
— Et vrayment ouy, repart sa Reverence ; »
Puis il luy met la main sur le teton.
«Encore ainsi?—Vraiment ouy ; comment don?»
La belle prend le tout en patience.
Il suit sa pointe, et d'encor en encor
Tousjours l'esprit s'insinue et s'avance,
Tant et si bien qu'il arrive à bon port.
Lise rioit du succés de la chose.
Bonaventure à six moments de là
Donne d'esprit une seconde dose.
Ce ne fut tout, une autre succeda ;
La charité du beau Pere estoit grande.
« Et bien ! dit-il, que vous semble du jeu ?
— A nous venir l'esprit tarde bien peu,»
Reprit la belle ; et puis elle demande :
« Mais s'il s'en va ? — S'il s'en va, nous verrons :
D'autres secrets se mettent en usage.
— N'en cherchez point, dit Lise, davantage ;

De celuy-cy nous nous contenterons.
—Soit fait, dit-il, nous recommencerons,
Au pis aller, tant et tant qu'il suffise. »
Le pis aller sembla le mieux à Lise.
Le secret mesme encor se repeta
Par le Pater ; il aimoit cette dance.
Lise luy fait une humble reverence,
Et s'en retourne en songeant à cela.
Lise songer ! Quoy ! dé-jà Lise songe !
Elle fait plus, elle cherche un mensonge,
Se doutant bien qu'on luy demanderoit,
Sans y manquer, d'où ce retard venoit.
Deux jours aprés, sa compagne Nanette
S'en vient la voir : pendant leur entretien
Lise révoit. Nanette comprit bien,
Comme elle estoit clair-voyante et finette,
Que Lise alors ne révoit pas pour rien.
Elle fait tant, tourne tant son amie,
Que celle-cy luy declare le tout :
L'autre n'estoit à l'ouïr endormie.
Sans rien cacher, Lise de bout en bout,
De point en point, luy conte le mystere,
Dimensions de l'esprit du beau Pere,
Et les encor, enfin tout le Phœbé.
« Mais vous, dit-elle, apprenez-nous de grace
Quand et par qui l'esprit vous fut donné.»
Anne reprit : « Puis qu'il faut que je fasse
Un libre aveu, c'est vostre frere Alain
Qui m'a donné de l'esprit un matin.
—Mon frere Alain ! Alain ! s'écria Lise,
Alain mon frere ! ah ! je suis bien surprise :
Il n'en a point, comme en donneroit-il ?
—Sotte, dit l'autre, helas ! tu n'en sçais guere :
Apprens de moy que pour pareille affaire
Il n'est besoin que l'on soit si subtil.

Ne me crois-tu? sçache-le de ta mere;
Elle est experte au fait dont il s'agit :
Si tu ne veux, demande au voisinage ;
Sur ce point-là l'on t'aura bien-tost dit :
Vivent les sots pour donner de l'esprit ! »
Lise s'en tint à ce seul témoignage,
Et ne crût pas devoir parler de rien.
Vous voyez donc que je disois fort bien
Quand je disois que ce jeu là rend sage.

II. — L'ABBESSE

L'exemple sert, l'exemple nuit aussi :
Lequel des deux doit l'emporter icy,
Ce n'est mon fait : l'un dira que l'Abbesse
En usa bien, l'autre au contraire mal,
Selon les gens : bien ou mal, je ne laisse
D'avoir mon compte, et montre en general,
Par ce que fit tout un troupeau de Nones,
Qu'ouailles sont la pluspart des personnes :
Qu'il en passe une, il en passera cent,
Tant sur les gens est l'exemple puissant !
Je le repete, et dis, vaille que vaille,
Le monde n'est que franche moutonnaille.
Du premier coup ne croyez que l'on aille
A ses perils le passage sonder ;
On est long-temps à s'entreregarder ;
Les plus hardis ont ils tenté l'affaire,
Le reste suit, et fait ce qu'il void faire.
Qu'un seul mouton se jette en la riviere,
Vous ne verrez nulle ame moutonniere
Rester au bord, tous se noyront à tas.
Maître François en conte un plaisant cas.

Amy Lecteur, ne te déplaira pas,
Si, sursoyant ma principale histoire,
Je te remets cette chose en memoire.
Panurge alloit l'oracle consulter ;
Il navigeoit, ayant dans la cervelle
Je ne sais quoy qui vint l'inquieter.
Dindenaut passe, et medaille l'appelle
De vray cocu. Dindenaut dans sa nef
Menoit moutons. « Vendez m'en un, dit l'autre.
—Voire, reprit Dindenaut, l'amy nostre,
Penseriez-vous qu'on pust venir à chef
D'assez priser ny vendre telle aumaille ? »
Panurge dit : « Nôtre ami, coûte et vaille,
Vendez m'en un pour or ou pour argent. »
Un fut vendu. Panurge incontinent
Le jette en mer ; et les autres de suivre.
Au diable l'un, à ce que dit le livre,
Qui demeura. Dindenaut au collet
Prend un belier, et le belier l'entraisne.
Adieu mon homme : il va boire au godet.
Or revenons : ce prologue me meine
Un peu bien loin. J'ay posé des l'abord
Que tout exemple est de force trés-grande,
Et ne me suis écarté par trop fort
En rapportant la moutonniere bande,
Car nôtre histoire est d'ouailles encor.
Une passa, puis une autre, et puis une,
Tant qu'à passer s'entre-pressant chacune,
On vid enfin celle qui les gardoit
Passer aussi : c'est en gros tout le conte :
Voici comment en détail on le conte.

Certaine Abbesse un certain mal avoit,
Pasles couleurs nommé parmy les filles ;
Mal dangereux, et qui des plus gentilles
Détruit l'éclat, fait languir les attraits.

Nôtre malade avoit la face blesme
Tout justement comme un Saint de Caresme ;
Bonne d'ailleurs, et gente, à cela prés.
La faculté sur ce poinct consultée,
Aprés avoir la chose examinée,
Dit que bien-tost Madame tomberoit
En fievre lente, et puis qu'elle mourroit.
Force sera que cette humeur la mange,
A moins que de... l'à moins est bien étrange,
A moins enfin qu'elle n'ayt à souhait
Compagnie d'homme. Hipocrate ne fait
Choix de ses mots, et tant tourner ne sçait.
« Jesus ! reprit toute scandalisée
Madame Abbesse : Hé ! que dites-vous là ?
Fi ! — Nous disons, repartit à cela
La faculté, que, pour chose asseurée
Vous en mourrez, à moins d'un bon galant :
Bon le faut-il, c'est un poinct important ;
Autre que bon n'est icy suffisant ;
Et, si bon n'est, deux en prendrez, Madame. »
Ce fut bien pis ; non pas que dans son ame
Ce bon ne fust par elle souhaité ;
Mais le moyen que sa Communauté
Luy vist sans peine approuver telle chose !
Honte souvent est de dommage cause.
Sœur Agnés dit : « Madame, croyez les.
Un tel remede est chose bien mauvaise,
S'il a le goust meschant à beaucoup prés
Comme la mort. Vous faites cent secrets ;
Faut-il qu'un seul vous choque et vous déplaise ?
— Vous en parlez, Agnés, bien à vostre aise,
Reprit l'Abbesse : or çà, par vostre Dieu,
Le feriez-vous ? mettez-vous en mon lieu.
— Ouy-dea, Madame ; et dis bien davantage :
Vostre santé m'est chere jusque là

Que, s'il faloit pour vous souffrir cela,
Je ne voudrois que dans ce témoignage
D'affection pas une de ceans
Me devançast. » Mille remercimens
A Sœur Agnés donnés par son Abbesse,
La faculté dit adieu là dessus,
Et protesta de ne revenir plus.
Tout le Couvent se trouvoit en tristesse,
Quand sœur Agnés, qui n'estoit de ce lieu
La moins sensée, au reste bonne lame,
Dit à ses sœurs : « Tout ce qui tient Madame
Est seulement belle honte de Dieu :
Par charité n'en est-il point quelqu'une
Pour luy monstrer l'exemple et le chemin ? »
Cét avis fût approuvé de chacune ;
On l'applaudit, il court de main en main.
Pas une n'est qui montre en ce dessein
De la froideur, soit None, soit Nonette,
Mere Prieure, ancienne ou discrete.
Le billet trotte ; on fait venir des gens
De toute guise, et des noirs et des blancs
Et des tannez. L'escadron, dit l'histoire,
Ne fut petit, ny, comme l'on peut croire,
Lent à montrer de sa part le chemin.
Ils ne cedoient à pas une Nonain
Dans le desir de faire que Madame
Ne fust honteuse, ou bien n'eust dans son ame
Tel recipé, possible, à contre-cœur.
De ses brebis à peine la premiere
A fait le saut, qu'il suit une autre sœur ;
Une troisiesme entre dans la carriere ;
Nulle ne veut demeurer en arriere.
Presse se met pour n'estre la derniere
Qui feroit voir son zele et sa ferveur
A mere Abbesse. Il n'est aucune ouaille

Qui ne s'y jette, ainsi que les moutons
De Dindenaut, dont tantost nous parlions,
S'alloient jetter chez la gent portécaille.
Que diray plus ? Enfin l'impression
Qu'avoit l'abbesse encontre ce remede,
Sage rendue, à tant d'exemples cede.
Un jouvenceau fait l'operation
Sur la malade. Elle redevient rose,
Œillet, aurore, et si quelque autre chose
De plus riant se peut imaginer.
O doux remede ! ô remede à donner !
Remede ami de mainte creature,
Ami des gens, ami de la nature,
Ami de tout, poinct d'honneur excepté.
Poinct d'honneur est une autre maladie :
Dans ses écrits Madame Faculté
N'en parle point. Que de maux en la vie !

III. — LES TROCQUEURS

Le changement de mets réjouit l'homme :
Quand je dis l'homme, entendez qu'en cecy
La femme doit estre comprise aussi :
Et ne sçay pas comme il ne vient de Rome
Permission de trocquer en Hymen,
Non si souvent qu'on en auroit envie,
Mais tout au moins une fois en sa vie :
Tel bref en bref aprés bon examen
Nous envoyer, feroit grand bien en France.
Prés de Rouen, païs de sapience,
Deux villageois avoient chacun chez soy
Forte femelle, et d'assez bon aloy
Pour telles gens, qui n'y rafinent guére;

Chacun sçait bien qu'il n'est pas nécessaire
Qu'Amour les traite ainsi que des Prelats.
Avint pourtant que tous deux estant las
De leurs moitiez, leur voisin le notaire,
Un jour de feste, avec eux chopinoit.
Un des manans luy dit : « Sire Oudinet,
J'ay dans l'esprit une plaisante affaire.
Vous avez fait sans doute en vostre temps
Plusieurs contrats de diverse nature ;
Ne peut on point en faire un où les gens
Trocquent de femme ainsi que de monture ?
Nostre Pasteur a bien trocqué de Cure :
La femme est-elle un cas si different ?
Et pargué non ; car Messire Gregoire
Disoit toûjours, si j'ay bonne memoire :
Mes brebis sont ma femme. Cependant
Il a changé : changeons aussi, compere.
— Trés-volontiers, reprit l'autre Manant ;
Mais tu sçais bien que nostre mesnagere
Est la plus belle : or ça, Sire Oudinet,
Sera-ce trop s'il donne son mulet
Pour le retour? — Mon mulet ! et parguenne,
Dit le premier des villageois susdits,
Chacune vaut en ce monde son prix ;
La mienne ira but à but pour la tienne ;
On ne regarde aux femmes de si prés ;
Point de retour ; vois-tu, compère Estienne,
Mon mulet, c'est.... c'est le roy des mulets.
Tu ne devrois me demander mon asne
Tant seulement : Troc pour troc, touche-là. »
Sire Oudinet, raisonnant sur cela,
Dit : « Il est vray que Tiennette a sur Jeanne
De l'avantage, à ce qu'il semble aux gens;
Mais le meilleur de la beste, à mon sens,
N'est ce qu'on voit; femmes ont maintes choses

Que je préfere, et qui sont lettres closes;
Femmes aussi trompent assez souvent;
Jà ne les faut éplucher trop avant.
Or sus, voisins, faisons les choses nettes :
Vous ne voulez chat en poche donner
Ny l'un ny l'autre? Allons donc confronter
Vos deux moitiez comme Dieu les a faites. »
L'expedient ne fut gousté de tous :
Trop bien voilà Messieurs les deux époux
Qui sur ce poinct triomphent de s'étendre :
« Tiennette n'a ny surot ny malandre, »
Dit le second ; « Jeanne, dit le premier,
A le corps net comme un petit denier ;
Ma foy, c'est basme. — Et Tiennette est am-
Dit son époux; telle je la maintiens. »   [broise,
L'autre reprit : « Compere, tiens-toy bien :
Tu ne connois Jeanne ma villageoise ;
Je t'advertis qu'à ce jeu.... m'entens-tu? »
L'autre manant jura : « Par la vertu,
Tiennette et moy nous n'avons qu'une noise,
C'est qui des deux y sçait de meilleurs tours ;
Tu m'en diras quelques mots dans deux jours.
A toy, Compere. » Et de prendre la tasse,
Et de trinquer. « Allons, sire Oudinet,
A Jeanne ; top ! Puis à Tiennette ; masse! »
Somme qu'enfin la soûte du mulet
Fut accordée, et voilà marché fait.
Nostre notaire asseura l'un et l'autre
Que tels traitez alloient leur grand chemin :
Sire Oudinet estoit un bon apostre
Qui se fit bien payer son parchemin.
Par qui payer? Par Jeanne et par Tiennette :
Il ne voulut rien prendre des maris.
Les villageois furent tous deux d'avis
Que pour un temps la chose fût secrette ;

Mais il en vint au Curé quelque vent.
Il prit aussi son droit ; je n'en asseure,
Et n'y estois ; mais la vérité pure
Est que Curez y manquent peu souvent.
Le clerc non plus ne fit du sien remise ;
Rien ne se pert entre les gens d'Eglise.
Les Permuteurs ne pouvoient bonnement
Executer un pareil changement
Dans le village, à moins que de scandale ;
Ainsi bien-tost l'un et l'autre détale,
Et va planter le picquet en un lieu
Où tout fut bien d'abord, moyennant Dieu.
C'estoit plaisir que de les voir ensemble ;
Les femmes mesme, à l'envy des maris,
S'entredisoient en leurs menus devis :
« Bon fait trocquer ; commere, à ton avis,
Si nous trocquions de valet ; que t'en semble ? »
Ce dernier troc, s'il se fit, fut secret.
L'autre d'abord eut un trés-bon effet ;
Le premier mois trés-bien ils s'en trouverent,
Mais à la fin nos gens se dégousterent.
Compere Estienne, ainsi qu'on peut penser,
Fut le premier des deux à se lasser,
Pleurant Tiennette ; il y perdoit sans doute.
Compere Gille eut regret à sa soûte ;
Il ne voulut retroquer toutesfois.
Qu'en advint-il ? Un jour, parmy les bois,
Estienne vid toute fine seulette
Prés d'un ruisseau sa défuncte Tiennette,
Qui, par hazard, dormoit sous la coudrette.
Il s'approcha, l'éveillant en sursaut.
Elle du troc ne se souvint pour l'heure,
Dont le galand, sans plus longue demeure,
En vint au poinct ; bref, ils firent le saut.
Le Conte dit qu'il la trouva meilleure

Qu'au premier jour. Pourquoy cela? Pourquoy?
Belle demande! En l'amoureuse loy,
Pain qu'on dérobe et qu'on mange en cachette
Vaut mieux que pain qu'on cuit et qu'on achete :
Je m'en raporte aux plus sçavans que moy.
Il faut pourtant que la chose soit vraye,
Et qu'aprés tout Hymenée et l'Amour
Ne soient pas gens à cuire à mesme four :
Témoin l'ébat qu'on prit sous la coudraye.
On y fit chere; il ne s'y servit plat
Où maistre Amour, cuisinier délicat,
Et plus sçavant que n'est maistre Hymenée,
N'eût mis la main. Tiennette retournée,
Compere Estienne, homme neuf en ce fait,
Dit à par soy : « Gille a quelque secret;
J'ay retrouvé Tiennette plus jolie
Qu'elle ne fut onc en jour de sa vie.
Reprenons-la, faisons tour de Normant;
Dedisons-nous, usons du privilége. »
Voila l'exploit qui trotte incontinent,
Aux fins de voir le troc et changement
Déclaré nul et cassé nettement.
Gille assigné de son mieux se défend.
Un Promoteur intervient pour le Siége
Episcopal, et vendique le cas.
Grand bruit par tout, ainsi que d'ordinaire;
Le Parlement évoque à soy l'affaire.
Sire Oudinet, le faiseur de contracts,
Est amené; l'on l'entend sur la chose.
Voilà l'estat où l'on dit qu'est la cause;
Car c'est un fait arrivé depuis peu.
Pauvre ignorant que le compere Estienne!
Contre ses fins cét homme en premier lieu
Va de droit fil; car s'il prit à ce jeu
Quelque plaisir, c'est qu'alors la chrestienne

L. F., CONTES. II.   2

N'estoit à luy ; le bon sens vouloit donc
Que pour toûjours il la laissast à Gille,
Sauf la coudraye, ou Tiennette, dit-on,
Alloit souvent en chantant sa chanson :
L'y rencontrer estoit chose facile ;
Et supposé que facile ne fût,
Falloit qu'alors son plaisir d'autant crût.
Mais allez moy prescher cette doctrine
A des manans ! Ceux-cy pourtant avoient
Fait un bon tour, et trés-bien s'en trouvoient,
Sans le dédit ; c'estoit piece assez fine
Pour en devoir l'exemple à d'autres gens.
J'ay grand regret de n'en avoir les gans,
Et dis par fois, alors que j'y rumine:
Auroit-on pris des crocquans pour trocquans
En fait de femme ? Il faut estre honneste homme
Pour s'aviser d'un pareil changement.
Or n'est l'affaire allée en Cour de Rome,
Trop bien est elle au Senat de Rouen.
Là le notaire aura du moins sa game
En plein Bureau ; Dieu gard sire Oudinet
D'un Rapporteur barbon et bien en femme,
Qui fasse aller la chose du bonnet.

IV. — LE CAS DE CONSCIENCE

Les gens du païs des fables
Donnent ordinairement
Noms et titres agreables
Assez liberalement.
Cela ne leur coute guere:
Tout leur est Nymphe ou Bergere,
Et Déesse bien souvent.

Horace n'y faisoit faute :
Si la servante de l'hoste
Au lit de nostre homme alloit,
C'estoit aussi-tost Ilie,
C'estoit la nymphe Egerie,
C'estoit tout ce qu'on vouloit.
Dieu, par sa bonté profonde,
Un beau jour mit dans le monde
Apollon son serviteur,
Et l'y mit justement comme
Adam le nomenclateur,
Luy disant : « Te voilà, nomme. »
Suivant cette antique loy,
Nous sommes parreins du Roy.
De ce privilege insigne
Moy faiseur de vers indigne
Je pourrois user aussi
Dans les contes que voicy ;
Et s'il me plaisoit de dire,
Au lieu d'Anne, Sylvanire,
Et, pour messire Thomas,
Le grand Druide Adamas,
Me mettroit-on à l'amande ?
Non : mais tout consideré,
Le present conte demande
Qu'on dise Anne et le Curé.
Anne, puis qu'ainsi va, passoit dans son village
Pour la perle et le parangon.
Estant un jour prés d'un rivage,
Elle vid un jeune garçon
Se baigner nud. La fillette estoit drue,
Honneste toutefois. L'objet plût à sa veue.
Nuls defaux ne pouvoient estre au gars reprochez ;
Puis, dés auparavant aymé de la bergere,
Quand il en auroit eu l'amour les eust cachez ;

Jamais tailleur n'en sceut mieux que luy la maniere.
Anne ne craignoit rien ; des saules la couvroient
    Comme eust fait une jalousie :
Çà et là ses regards en liberté couroyent
    Où les portoit leur fantaisie ;
Çà et là, c'est à dire aux differents attraits
    Du garçon au corps jeune et frais,
Blanc, poli, bien formé, de taille haute et drete,
    Digne enfin des regards d'Annete.
    D'abord une honte secrete
    La fit quatre pas reculer,
    L'Amour huit autres avancer :
Le scrupule survint, et pensa tout gâter.
    Anne avoit bonne conscience :
Mais comment s'abstenir ? Est-il quelque défense
    Qui l'emporte sur le desir
Quand le hazard fait naistre un sujet de plaisir ?
La belle à celuy-cy fit quelque résistance.
    A la fin ne comprenant pas
    Comme on peut pécher de cent pas,
Elle s'assit sur l'herbe, et, trés-fort attentive,
    Annette la contemplative
Regarda de son mieux. Quelqu'un n'a-t-il point veu
    Comme on dessigne sur nature ?
    On vous campe une creature,
Une Eve, ou quelque Adam, j'entends un objet nu;
Puis force gens, assis comme nostre bergere,
Font un crayon conforme à cét original.
Au fond de sa memoire Anne en sceut fort bien
    Un qui ne ressembloit pas mal.   [faire
Elle y seroit encor si Guillot (c'est le sire)
Ne fust sorti de l'eau. La belle se retire
A propos ; l'ennemi n'estoit plus qu'à vingt pas,
Plus fort qu'à l'ordinaire, et c'eust esté grand cas
    Qu'aprés de semblables idées

Amour en fust demeuré là :
Il contoit pour siennes déja
Les faveurs qu'Anne avoit gardées.
Qui ne s'y fust trompé? Plus je songe a cela,
Moins je le puis comprendre. Anne la scrupuleuse
N'osa, quoy qu'il en soit, le garçon régaler ;
Ne laissant pas pourtant de récapituler
Les poincts qui la rendoient encor toute honteuse.
Pasques vint, et ce fut un nouvel embarras.
Anne faisant passer ses pechez en reveue,
Comme un passevolant mit en un coin ce cas ;
    Mais la chose fut apperceue.
    Le Curé messire Thomas
Sceut relever le fait, et, comme l'on peut croire,
En Confesseur exact il fit conter l'histoire,
Et circonstancier le tout fort amplement,
    Pour en connoistre l'importance,
Puis faire aucunement quadrer la penitence,
Chose où ne doit errer un Confesseur prudent.
    Celuy-cy malmena la belle.
« Estre dans ses regards à tel poinct sensuelle,
    C'est, dit-il, un trés-grand peché.
Autant vaut l'avoir veu que de l'avoir touché. »
    Cependant la peine imposée
    Fut à souffrir assez aysée ;
Je n'en parleray point ; seulement on sçaura
Que messieurs les Curez, en tous ces cantons là,
Ainsi qu'au nostre, avoient des devots et devotes
    Qui pour l'examen de leurs fautes
Leur payoient un tribut, qui plus, qui moins, selon
    Que le compte à rendre estoit long.
Du tribut de cet an Anne estant soucieuse,
Arrive que Guillot pesche un brochet fort grand ;
    Tout aussitost le jeune amant
Le donne à sa maistresse ; elle toute joyeuse

Le va porter du mesme pas
Au Curé messire Thomas.
Il reçoit le present, il l'admire, et le drosle
D'un petit coup sur l'épaule
La fillette regala,
Luy sourit, luy dit : « Voilà
Mon fait, » joignant à cela
D'autres petites affaires.
C'estoit jour de Calande (1), et nombre de confreres
Devoient disner chez luy. « Voulez-vous doublement
M'obliger ? dit-il à la belle ;
Accommodez chez vous ce poisson promptement,
Puis l'apportez incontinent ;
Ma servante est un peu nouvelle. »
Anne court, et voilà les Prestres arrivez.
Grand bruit, grande cohue; en cave on se trans-
Aucuns des vins sont approuvez ;   [porte :
Chacun en raisonne à sa sorte.
On met sur table, et le Doyen
Prend place en saluant toute la compagnie.
Raconter leurs propos seroit chose infinie,
Puis le lecteur s'en doute bien.
On permuta cent fois sans permuter pas une.
Santez, Dieu sçait combien : chacun à sa chacune
But en faisant de l'œil ; nul scandale : on servit
Potage, menus mets, et mesme jusqu'au fruit,
Sans que le brochet vinst ; tout le disner s'acheve
Sans brochet pas un brin. Guillot sçachant ce don
L'avoit fait retracter pour plus d'une raison.
Legere de brochet la troupe enfin se leve.
Qui fut bien estonné? Qu'on le juge : il alla

---

(1) *C'est un jour où tous les curez du Diocèse s'assemblent, pour parler des affaires communes, chez quelqu'un d'eux qui leur donne à disner ordinairement, et cela se fait tous les mois.*

(Note de La Fontaine.)

Dire cecy, dire cela
A madame Anne le jour mesme ;
L'appela cent fois sotte, et dans sa rage extreme
Luy pensa reprocher l'avanture du bain.
« Traiter vostre Curé, dit-il, comme un coquin !
Pour qui nous prenez-vous ? Pasteurs, sont-ce ca-
    Alors par droit de réprésailles   [nailles ? »
    Anne dit au Prestre outragé :
« Autant vaut l'avoir veu que de l'avoir mangé. »

V. — LE DIABLE DE PAPEFIGUIERE

Maistre François dit que Papimamie
Est un pays où les gens sont heureux.
Le vray dormir ne fut fait que pour eux :
Nous n'en avons icy que la copie.
Et par saint Jean, si Dieu me preste vie,
Je le verray, ce pays où l'on dort !
On y fait plus, on n'y fait nulle chose :
C'est un employ que je recherche encor.
Ajoûtez-y quelque petite doze
D'amour honneste, et puis me voila fort.
Tout au rebours il est une Province
Où les gens sont haïs, maudits de Dieu :
On les connoist à leur visage mince ;
Le long dormir est exclus de ce lieu.
Partant, lecteurs, si quelqu'un se présente
A vos regards, ayant face riante,
Couleur vermeille et visage replet,
Taille non pas de quelque mingrelet,
Dire pourrez, sans que l'on vous condamne,
« Cetuy me semble, à le voir, Papimane. »
Si d'autre part celuy que vous verrez

N'a l'œil riant, le corps rond, le teint frais,
Sans hesiter qualifiez cét homme
Papefiguier. Papefigue se nomme
L'Isle et Province où les gens autrefois
Firent la figue au portrait du saint Pere :
Punis en sont ; rien chez eux ne prospere :
Ainsi nous l'a conté maistre François.
L'Isle fut lors donnée en apanage
A Lucifer : c'est sa maison des champs.
On void courir par tout cet heritage
Ses commensaux, rudes à pauvres gens ;
Peuple ayant queue, ayant cornes et grifes,
Si maints tableaux ne sont point apocriphes.
Avint un jour qu'un de ces beaux messieurs
Vid un manant rusé, des plus trompeurs,
Verser un champ dans l'Isle dessusdite.
Bien paroissoit la terre estre maudite,
Car le manant avec peine et sueur
La retournoit et faisoit son labeur.
Survient un diable à titre de Seigneur.
Ce diable estoit des gens de l'Evangile,
Simple, ignorant, à tromper trés-facile,
Bon Gentilhomme, et qui, dans son courroux,
N'avoit encor tonné que sur les choux :
Plus ne sçavoit apporter de dommage.
« Vilain, dit-il, vaquer à nul ouvrage
N'est mon talent : je suis un diable issu
De noble race, et qui n'a jamais sceu
Se tourmenter ainsi que font les autres.
Tu sçais, vilain, que tous ces champs sont nostres ;
Ils sont à nous dévoluts par l'édit
Qui mit jadis cette Isle en interdit.
Vous y vivez dessous nostre police.
Partant, vilain, je puis avec justice
M'attribuer tout le fruit de ce champ :

Mais je suis bon, et veux que dans un an
Nous partagions sans noise et sans querelle.
Quel grain veux-tu répandre dans ces lieux ? »
Le manant dit : « Monseigneur, pour le mieux
Je crois qu'il faut les couvrir de touzelle ;
Car c'est un grain qui vient fort aisément.
—Je ne connois ce grain là nullement,
Dit le lutin ; comment dis-tu ? Touzelle ?
Memoire n'ay d'aucun grain qui s'appelle
De cette sorte : or, emplis-en ce lieu ;
Touzelle soit, touzelle de par Dieu !
J'en suis content. Fais donc viste, et travaille ;
Manant, travaille, et travaille, vilain ;
Travailler est le fait de la canaille :
Ne t'attends pas que je t'ayde un seul brin,
Ny que par moy ton labeur se consomme :
Je t'ay ja dit que j'estois gentilhomme,
Né pour chommer et pour ne rien sçavoir.
Voicy comment ira nostre partage :
Deux lots seront, dont l'un, c'est à sçavoir
Ce qui hors terre et dessus l'heritage
Aura poussé, demeurera pour toy ;
L'autre dans terre est reservé pour moy. »
L'oust arrivé, la touzelle est siée,
Et tout d'un temps sa racine arrachée,
Pour satisfaire au lot du diableteau.
Il y croyoit la semence attachée,
Et que l'épi, non plus que le tuyau,
N'estoit qu'une herbe inutile et sechée.
Le laboureur vous la serra trés-bien.
L'autre au marché porta son chaume vendre :
On le hua ; pas un n'en offrit rien ;
Le pauvre diable estoit prest à se pendre.
Il s'en alla chez son copartageant :
Le drosle avoit la touzelle vendue,

Pour le plus seur, en gerbe, et non batue,
Ne manquant pas de bien cacher l'argent.
Bien le cacha ; le diable en fut la dupe.
« Coquin, dit-il, tu m'as joué d'un tour ;
C'est ton métier : je suis diable de cour,
Qui, comme vous, à tromper ne m'occupe.
Quel grain veux-tu semer pour l'an prochain ? »
Le manant dit : « Je crois qu'au lieu de grain
Planter me faut ou navets ou carottes :
Vous en aurez, Monseigneur, pleines hottes,
Si mieux n'aymez raves dans la saison.
— Raves, navets, carottes, tout est bon,
Dit le lutin ; mon lot sera hors terre ;
Le tien dedans. Je ne veux point de guerre
Avecque toy si tu ne m'y contraints.
Je vais tenter quelques jeunes Nonains. »
L'auteur ne dit ce que firent les Nones.
Le temps venu de recueillir encor,
Le manant prend raves belles et bonnes ;
Feuilles sans plus tombent pour tout tresor
Au diableteau, qui, l'épaule chargée,
Court au marché. Grande fut la risée ;
Chacun luy dit son mot cette fois là.
« Monsieur le diable, où croist cette denrée ?
Où mettrez-vous ce qu'on en donnera ? »
Plein de courroux et vuide de pecune,
Leger d'argent et chargé de rancune,
Il va trouver le manant, qui rioit
Avec sa femme et se solacioit.
« Ah ! par la mort, par le sang, par la teste,
Dit le demon, il le payra, par bieu !
Vous voicy donc, Phlipot, la bonne bête !
Çà, çà, galons-le en enfant de bon lieu.
Mais il vaut mieux remettre la partie :
J'ay sur les bras une dame jolie

A qui je dois faire franchir le pas:
Elle le veut, et puis ne le veut pas.
L'époux n'aura dedans la confrairie
Si-tost un pied, qu'à vous je reviendray,
Maistre Phlipot, et tant vous galeray,
Que ne jouerez ces tours de vostre vie.
A coups de grife il faut que nous voyons
Lequel aura de nous deux belle amie,
Et jouira du fruit de ces sillons.
Prendre pourrois d'autorité suprême
Touzelle et grain, champ et rave, enfin tout;
Mais je les veux avoir par le bon bout.
N'esperez plus user de sratageme.
Dans huit jours d'huy, je suis à vous, Phlipot,
Et touchez là, cecy sera mon arme. »
Le villageois, étourdy du vacarme,
Au farfadet ne put répondre un mot.
Perrette en rit; c'estoit sa mesnagere,
Bonne galande en toutes les façons,
Et qui sceut plus que garder les moutons
Tant qu'elle fut en âge de bergere.
Elle luy dit : « Phlipot, ne pleure point;
Je veux d'icy renvoyer de tout poinct
Ce diableteau : c'est un jeune novice
Qui n'a rien veu; je t'en tireray hors :
Mon petit doigt sçauroit plus de malice,
Si je voulois, que n'en sçait tout son corps. »
Le jour venu, Phlipot, qui n'estoit brave,
Se va cacher, non point dans une cave,
Trop bien va-t-il se plonger tout entier
Dans un profond et large benistier.
Aucun démon n'eust sceu par où le prendre,
Tant fust subtil; car d'étoles, dit-on,
Il s'afubla le chef pour s'en défendre,
S'estant plongé dans l'eau jusqu'au menton.

Or le laissons, il n'en viendra pas faute.
Tout le Clergé chante autour, à voix haute,
Vade retro. Perrette cependant
Est au logis le lutin attendant.
Le lutin vient : Perrette échevelée
Sort, et se plaint de Phlipot en criant :
« Ah ! le bourreau ! le traistre ! le méchant !
Il m'a perdue, il m'a toute affolée.
Au nom de Dieu, Monseigneur, sauvez-vous ;
A coups de grife, il m'a dit en courroux
Qu'il se devoit contre votre Excellence
Batre tantost, et batre à toute outrance.
Pour s'éprouver le perfide m'a fait
Cette balafre. » A ces mots au folet
Elle fait voir.... Et quoy ? Chose terrible.
Le diable en eut une peur tant horrible,
Qu'il se signa, pensa presque tomber ;
Onc n'avoit veu, ne leu, n'oüy conter
Que coups de grife eussent semblable forme.
Bref, aussi-tost qu'il apperceut l'énorme
Solution de continüité,
Il demeura si fort épouvanté,
Qu'il prit la fuite, et laissa là Perrette.
Tous les voisins chommerent la défaite
De ce Démon : le Clergé ne fut pas
Des plus tardifs à prendre part au cas.

VI.—FÉRONDE, OU LE PURGATOIRE

Vers le levant, le Vieil de la Montagne
Se rendit craint par un moyen nouveau.
Craint n'estoit-il pour l'immense campagne

Qu'il possedast, ny pour aucun monceau
D'or ou d'argent, mais parce qu'au cerveau
De ses sujets il imprimoit des choses
Qui de maint fait courageux estoyent causes.
Il choisissoit entre eux les plus hardis,
Et leur faisoit donner du paradis
Un avantgoust à leurs sens perceptible,
Du paradis de son legislateur;
Rien n'en a dit ce prophete menteur
Qui ne devinst trés-croyable et sensible
À ces gens-là : comment s'y prenoit-on ?
On les faisoit boire tous de façon
Qu'ils s'enyvroient, perdoient sens et raison.
En cet estat, privez de connoissance,
On les portoit en d'agreables lieux,
Ombrages frais, jardins delicieux.
Là se trouvoient tendrons en abondance,
Plus que maillez, et beaux par excellence :
Chaque réduit en avoit à couper.
Si se venoient joliment atrouper
Prés de ces gens, qui, leur boisson cuvée,
S'émerveilloient de voir cette couvée,
Et se croyoient habitans devenus
Des champs heureux qu'assine à ses élus
Le faux Mahom. Lors de faire accointance,
Turcs d'aprocher, tendrons d'entrer en danse,
Au gazouillis des ruisseaux de ces bois,
Au son de luts accompagnans les voix
Des rossignols : il n'est plaisir au monde
Qu'on ne goûtast dedans ce paradis :
Les gens trouvoient en son charmant pourpris
Les meilleurs vins de la machine ronde,
Dont ne manquoient encor de s'enyvrer,
Et de leurs sens perdre l'entier usage.
On les faisoit aussi-tost reporter

Au premier lieu. De tout ce tripotage
Qu'arrivoit-il ? Ils croyoient fermement
Que quelque jour de semblables delices
Les attendoient, pourveu que hardiment,
Sans redouter la mort ny les supplices,
Ils fissent chose agreable à Mahom,
Servant leur prince en toute occasion.
Par ce moyen leur prince pouvoit dire
Qu'il avoit gens à sa devotion,
Determinez, et qu'il n'estoit Empire
Plus redouté que le sien icy bas.
Or ay-je esté prolixe sur ce cas
Pour confirmer l'histoire de Feronde.
Feronde estoit un sot de par le monde,
Riche manant, ayant soin du tracas,
Dixmes et cens, revenus et menage
D'un Abbé blanc. J'en sçais de ce plumage
Qui valent bien les noirs, à mon avis,
En fait que d'estre aux maris secourables,
Quand forte tasche ils ont en leur logis,
Si qu'il y faut moines et gens capables.
Au lendemain celuy-ci ne songeoit,
Et tout son fait dés la veille mangeoit,
Sans rien garder, non plus qu'un droit Apostre,
N'ayant autre œuvre, autre employ, penser autre,
Que de chercher où gisoient les bons vins,
Les bons morceaus et les bonnes commeres,
Sans oublier les gaillardes Nonains,
Dont il faisoit peu de part à ses freres.
Feronde avoit un joli chaperon
Dans son logis, femme sienne, et dit-on
Que Parantele estoit entre la Dame
Et nostre Abbé ; car son prédecesseur,
Oncle et parrein, dont Dieu veuille avoir l'ame,
En estoit pere, et la donna pour femme

A ce manant, qui tint à grand honneur
De l'épouser. Chacun sçait que de race
Communément fille bastarde chasse :
Celle-cy donc ne fit mentir le mot.
Si n'estoit pas l'époux homme si sot
Qu'il n'en eust doute, et ne vist en l'affaire
Un peu plus clair qu'il n'estoit necessaire.
Sa femme alloit toujours chez le Prélat,
Et prétextoit ses allées et venues
Des soins divers de cet œconomat.
Elle alleguoit mille affaires menues.
C'estoit un compte, ou c'estoit un achapt ;
C'estoit un rien, tant peu plaignoit sa peine.
Bref, il n'estoit nul jour en la sepmaine,
Nulle heure au jour, qu'on ne vist en ce lieu
La receveuse. Alors le père en Dieu
Ne manquoit pas d'écarter tout son monde :
Mais le mari, qui se doutoit du tour,
Rompoit les chiens, ne manquant au retour
D'imposer mains sur Madame Feronde.
Onc il ne fut un moins commode époux.
Esprits ruraux volontiers sont jaloux,
Et sur ce poinct à chausser difficiles,
N'estant pas faits aux coûtumes des villes.
Monsieur l'Abbé trouvoit cela bien dur,
Comme Prélat qu'il estoit, partant homme
Fuyant la peine, aymant le plaisir pur,
Ainsi que fait tout bon suppost de Rome.
Ce n'est mon goust ; je ne veux de plein saut
Prendre la ville, aymant mieux l'escalade ;
En amour dea, non en guerre : il ne faut
Prendre cecy pour guerriere bravade,
Ny m'enrôller là dessus malgré moy.
Que l'autre usage ayt la raison pour soy,
Je m'en rapporte, et reviens à l'histoire

Du receveur, qu'on mit en Purgatoire
Pour le guerir ; et voicy comme quoy.
Par le moyen d'une poudre endormante,
L'abbé le plonge en un trés-long sommeil.
On le croit mort, on l'enterre, l'on chante ;
Il est surpris de voir, à son réveil,
Autour de luy gens d'estrange maniere ;
Car il estoit au large dans sa biere,
Et se pouvoit lever de ce tombeau
Qui conduisoit en un profond caveau.
D'abord la peur se saisit de nostre homme.
Qu'est-ce cela ? songe-t-il ? est-il mort ?
Seroit-ce point quelque espece de sort ?
Puis il demande aux gens comme on les nomme,
Ce qu'ils font là, d'où vient que dans ce lieu
L'on le retient, et qu'a-t-il fait à Dieu ?
L'un d'eux luy dit : « Console-toy, Feronde ;
Tu te verras citoyen du haut monde
Dans mille ans d'huy, complets et bien contez ;
Auparavant il faut d'aucuns pechez
Te nettoyer en ce saint Purgatoire :
Ton ame un jour plus blanche que l'yvoire
En sortira. » L'ange consolateur
Donne, à ces mots, au pauvre receveur
Huit ou dix coups de forte discipline,
En luy disant : « C'est ton humeur mutine,
Et trop jalouse, et desplaisant à Dieu,
Qui te retient pour mille ans en ce lieu. »
Le receveur, s'estant frotté l'épaule,
Fait un soupir : « Mille ans ! c'est bien du temps !
Vous noterez que l'Ange estoit un drosle,
Un frere Jean, novice de leans.
Ses compagnons jouoient chacun un role
Pareil au sien, dessous un feint habit.
Le receveur requiert pardon, et dit :

« Las! si jamais je rentre dans la vie,
Jamais soupçon, ombrage et jalousie
Ne rentreront dans mon maudit esprit :
Pourrois-je point obtenir cette grace? »
On la luy fait esperer, non si-tost ;
Force est qu'un an dans ce sejour se passe ;
Là cependant il aura ce qu'il faut
Pour sustenter son corps, rien davantage ;
Quelque grabat, du pain pour tout potage,
Vingt coups de fouet chaque jour, si l'Abbé,
Comme Prélat rempli de charité,
N'obtient du Ciel qu'au moins on luy remette,
Non le total des coups, mais quelque quart,
Voire moitié, voire la plus grand part.
Douter ne faut qu'il ne s'en entremette,
A ce sujet disant mainte oraison.
L'Ange en aprés luy fait un long sermon :
« A tort, dit-il, tu conceus du soupçon ;
Les gens d'Eglise ont-ils de ces pensées?
Un Abbé blanc! c'est trop d'ombrage avoir ;
Il n'écherroit que dix coups pour un noir.
Défais-toy donc de tes erreurs passées. »
Il s'y résout. Qu'eust-il fait? Cependant
Sire Prélat et Madame Feronde
Ne laissent perdre un seul petit moment.
Le mari dit : « Que fait ma femme au monde?
— Ce qu'elle y fait? Tout bien ; nostre Prélat
L'a consolée, et ton œconomat
S'en va son train, toûjours à l'ordinaire.
— Dans le Couvent toûjours a-t-elle affaire?
— Où donc? Il faut qu'ayant seule à present
Le faix entier sur soy, la pauvre femme
Bon gré, malgré, leans aille souvent,
Et plus encor que pendant ton vivant. »
Un tel discours ne plaisoit point à l'ame.

Ame j'ay cru le devoir appeller,
Ses pourvoyeurs ne le faisant manger
Ainsi qu'un corps. Un mois à cette épreuve
Se passe entier, luy jeusnant, et l'Abbé
Multipliant œuvres de charité,
Et mettant peine à consoler la veuve.
Tenez pour seur qu'il y fit de son mieux.
Son soin ne fut long-temps infructueux :
Pas ne semoit en une terre ingrate.
Pater abbas avec juste sujet
Appréhenda d'estre pere en effet.
Comme il n'est bon que telle chose éclate,
Et que le fait ne puisse estre nié,
Tant et tant fut par sa Paternité
Dit d'oraisons, qu'on vid du Purgatoire
L'ame sortir, legere, et n'ayant pas
Once de chair. Un si merveilleux cas
Surprit les gens. Beaucoup ne vouloient croire
Ce qu'ils voyoient. L'Abbé passa pour saint.
L'époux pour sien le fruit posthume tint,
Sans autrement de calcul oser faire.
Double miracle estoit en cette affaire,
Et la grossesse, et le retour du mort.
On en chanta Té-déums à renfort.
Sterilité régnoit en mariage
Pendant cet an, et mesme au voisinage
De l'Abbaye, encor bien que leans
On se vouast pour obtenir enfans.
A tant laissons l'œconome et sa femme ;
Et ne soit dit que nous autres époux
Nous meritions ce qu'on fit à cette ame
Pour la guerir de ses soupçons jaloux.

VII. — LE PSAUTIER

Nones, souffrez pour la derniere fois
Qu'en ce recueil, malgré moy, je vous place.
De vos bons tours les contes ne sont froids ;
Leur avanture a ne sçais quelle grace
Qui n'est ailleurs ; ils emportent les voix.
Encore un donc, et puis c'en seront trois.
Trois ? je faux d'un ; c'en seront au moins quatre.
Contons-les bien : Mazet le compagnon ;
L'Abbesse ayant besoin d'un bon garçon
Pour la guerir d'un mal opiniâtre ;
Ce conte-cy, qui n'est le moins fripon ;
Quant à sœur Jeanne ayant fait un poupon,
Je ne tiens pas qu'il la faille rabatre.
Les voila tous : quatre, c'est conte rond.
Vous me direz : « C'est une étrange affaire
Que nous ayons tant de part en ceci ! »
Que voulez-vous ? je n'y sçaurois que faire ;
Ce n'est pas moy qui le souhaite ainsi.
Si vous teniez toûjours vostre breviaire,
Vous n'auriez rien à demesler icy ;
Mais ce n'est pas vostre plus grand souci.
Passons donc viste à la presente histoire.
Dans un couvent de Nones frequentoit
Un jouvenceau, friand, comme on peut croire,
De ces oiseaux. Telle pourtant prenoit
Goust à le voir, et des yeux le couvoit,
Luy sourioit, faisoit la complaisante,
Et se disoit sa trés-humble servante,
Qui pour cela d'un seul poinct n'avançoit.

Le conte dit que leans il n'estoit
Vieille ny jeune à qui le personnage
Ne fist songer quelque chose à part soy ;
Soupirs trotoient : bien voyoit le pourquoy,
Sans qu'il s'en mist en peine davantage.
Sœur Isabeau seule pour son usage
Eut le galand : elle le meritoit,
Douce d'humeur, gentille de corsage,
Et n'en estant qu'à son apprentissage,
Belle de plus. Ainsi l'on l'envioit
Pour deux raisons : son amant, et ses charmes.
Dans ses amours chacune l'épioit :
Nul bien sans mal, nul plaisir sans alarmes.
Tant et si bien l'épierent les sœurs,
Qu'une nuit sombre et propre à ces douceurs
Dont on confie aux ombres le mystere,
En sa cellule on oüit certains mots,
Certaine voix, enfin certains propos
Qui n'estoient pas sans doute en son bréviaire.
« C'est le galand, ce dit-on, il est pris ; »
Et de courir ; l'alarme est aux esprits ;
L'exaim fremit, sentinelle se pose.
On va conter en triomphe la chose
A mere Abbesse, et, heurtant à grands coups,
On luy cria : « Madame, levez-vous ;
Sœur Isabelle a dans sa chambre un homme. »
Vous noterez que Madame n'estoit
En oraison, ny ne prenoit son somme.
Trop bien alors dans son lit elle avoit
Messire Jean, curé du voisinage.
Pour ne donner aux sœurs aucun ombrage,
Elle se leve, en haste, étourdiment,
Cherche son voile, et malheureusement
Dessous sa main tombe du personnage
Le haut de chausse, assez bien ressemblant,

Pendant la nuit, quand on n'est éclairée,
A certain voile aux Nones familier,
Nommé pour lors entre-elles leur Psautier.
La voila donc de gregues affublée.
Ayant sur soy ce nouveau couvrechef,
Et s'estant fait raconter derechef
Tout le catus, elle dit, irritée :
« Voyez un peu la petite effrontée,
Fille du diable, et qui nous gastera
Nostre couvent ! Si Dieu plaist, ne fera ;
S'il plaist à Dieu, bon ordre s'y mettra :
Vous la verrez tantost bien chapitrée.»
Chapitre donc, puisque chapitre y a,
Fut assemblé. Mere Abbesse, entourée
De son Senat, fit venir Isabeau,
Qui s'arrosoit de pleurs tout le visage
Se souvenant qu'un maudit jouvenceau
Venoit d'en faire un different usage.
« Quoy ! dit l'Abbesse, un homme dans ce lieu !
Un tel scandale en la maison de Dieu !
N'estes-vous point morte de honte encore ?
Qui nous a fait recevoir parmi nous
Cette voirie ? Isabeau, sçavez-vous
(Car desormais qu'icy l'on vous honore
Du nom de sœur, ne le pretendez pas),
Sçavez-vous, dis-je, à quoy, dans un tel cas,
Nostre institut condamne une meschante ?
Vous l'apprendrez devant qu'il soit demain.
Parlez, parlez. » Lors la pauvre Nonain,
Qui jusque là, confuse et repentante,
N'osoit bransler, et la veue abbaissoit,
Leve les yeux, par bon-heur apperçoit
Le haut de chausse, à quoy toute la bande,
Par un effet d'émotion trop grande,
N'avoit pris garde, ainsi qu'on void souvent.

Ce fut hazard qu'Isabelle à l'instant
S'en apperceut. Aussi-tost la pauvrette
Reprend courage, et dit tout doucement :
« Vostre Psautier a ne sçais quoy qui pend ;
Raccommodez-le.» Or, c'estoit l'éguillette :
Assez souvent pour bouton l'on s'en sert.
D'ailleurs ce voile avoit beaucoup de l'air
D'un haut de chausse, et la jeune Nonette,
Ayant l'idée encor fraische des deux,
Ne s'y méprit : non pas que le Messire
Eust chausse faite ainsi qu'un amoureux :
Mais à peu prés ; cela devoit suffire.
L'Abbesse dit : « Elle ose encore rire !
Quelle insolence ! Un peché si honteux
Né la rend pas plus humble et plus soumise !
Veut-elle point que l'on la canonise ?
Laissez mon voile, esprit de Lucifer ;
Songez, songez, petit tison d'enfer,
Comme on pourra racommoder vostre ame.»
Pas ne finit mere Abbesse sa game
Sans sermonner et tempester beaucoup.
Sœur Isabeau luy dit encore un coup :
« Raccommodez vostre Psautier, Madame.»
Tout le troupeau se met à regarder :
Jeunes de rire, et vieilles de gronder.
La voix manquant à nostre sermonneuse,
Qui, de son troc bien faschée et honteuse,
N'eut pas le mot à dire en ce moment,
L'exaim fit voir, par son bourdonnement,
Combien rouloient de diverses pensées
Dans les esprits. Enfin l'Abbesse dit :
« Devant qu'on eust tant de voix ramassées,
Il seroit tard ; que chacune en son lit
S'aille remettre. A demain toute chose. »
Le lendemain ne fut tenu, pour cause,

Aucun chapitre ; et le jour en suivant
Tout aussi peu. Les sages du Couvent
Furent d'avis que l'on se devoit taire ;
Car trop d'éclat eust pu nuire au troupeau.
On n'en vouloit à la pauvre Isabeau
Que par envie : ainsi, n'ayant pu faire
Qu'elle laschast aux autres le morceau,
Chaque Nonain, faute de jouvenceau,
Songe à pourvoir d'ailleurs à son affaire.
Les vieux amis reviennent de plus beau.
Par préciput à nostre belle on laisse
Le jeune fils, le Pasteur à l'Abesse,
Et l'union alla jusques au poinct
Qu'on en prestoit à qui n'en avoit point.

VIII. — LE ROY CANDAULE

ET LE MAÎTRE EN DROIT

Force gens ont esté l'instrument de leur mal ;
   Candaule en est un témoignage.
Ce Roy fut en sotise un trés-grand personnage ;
   Il fit pour Gygés son vassal
Une galanterie imprudente et peu sage.
« Vous voyez, luy dit-il, le visage charmant
Et les traits délicats dont la Reyne est pourveue ;
Je vous jure ma foy que l'accompagnement
Est d'un tout autre prix, et passe infiniment ;
   Ce n'est rien qui ne l'a veue
      Toute nue.
Je vous la veux monstrer sans qu'elle en sçache rien,
   Car j'en sçais un trés bon moyen ;

Mais à condition... vous m'entendez fort bien
    Sans que j'en dise davantage ;
    Gygés, il vous faut estre sage ;
    Point de ridicule desir :
    Je ne prendrois pas de plaisir
Aux vœux impertinents qu'une amour sotte et vaine
    Vous feroit faire pour la Reyne,
Proposez-vous de voir tout ce corps si charmant
    Comme un beau marbre seulement.
Je veux que vous disiez que l'art, que la pensée,
Que mesme le souhait ne peut aller plus loin.
    Dedans le bain je l'ay laissée,
Vous estes connoisseur ; venez estre témoin
    De ma felicité suprême. »
Ils vont : Gygés admire. Admirer c'est trop peu :
    Son étonnement est extréme.
    Ce doux objet joua son jeu.
Gygés en fut émeu, quelque effort qu'il pust faire.
    Il auroit voulu se taire,
Et ne point témoigner ce qu'il avoit senti ;
Mais son silence eust fait soupçonner du mystere :
L'exageration fut le meilleur parti.
    Il s'en tint donc pour averti ;
Et, sans faire le fin, le froid ny le modeste,
Chaque poinct, chaque article, eut son fait, fut loué.
« Dieux, disoit-il au Roy, quelle felicité !
Le beau corps ! le beau cuir ! ô ciel ! et tout le reste ! »
    De ce gaillard entretien
    La Reyne n'entendit rien ;
    Elle l'eust pris pour outrage :
    Car en ce siecle ignorant
    Le beau sexe estoit sauvage.
    Il ne l'est plus maintenant,
    Et des louanges pareilles
    De nos Dames d'apresent

N'écorchent point les oreilles.
Nostre examinateur soupiroit dans sa peau ;
L'émotion croissoit, tant tout luy sembloit beau.
Le Prince, s'en doutant, l'emmena ; mais son ame
    Emporta cent traits de flame :
    Chaque endroit lança le sien ;
    Helas ! fuir n'y sert de rien ;
    Tourmens d'amour font si bien
    Qu'ils sont toûjours de la suite.
Prés du prince Gygés eut assez de conduite,
Mais de sa passion la Réyne s'apperceut.
        Elle sceut
L'origine du mal ; le Roy, prétendant rire,
    S'avisa de luy tout dire.
    Ignorant ! sçavoit-il point
    Qu'une Reyne sur ce poinct
    N'ose entendre raillerie ?
    Et supposé qu'en son cœur
    Cela luy plaise, elle rie,
    Il luy faut, pour son honneur,
    Contrefaire la furie.
    Celle-cy le fut vrayment,
    Et reserva dans soy-mesme
    De quelque vengeance extréme
    Le desir trés-vehement.
    Je voudrois pour un moment,
    Lecteur, que tu fusses femme :
    Tu ne saurois autrement
    Concevoir jusqu'où la Dame
    Porta son secret dépit.
    Un mortel eust le crédit
    De voir de si belles choses,
    A tous mortels lettres clauses !
    Tels dons estoient pour des Dieux,
    Pour des Roys, voulois-je dire ;

L'un et l'autre y vient de cire,
Je ne sçais quel est le mieux.
Ces pensers incitoient la Reine à la vengeance.
Honte, despit, courroux, son cœur employa tout ;
Amour mesme, dit-on, fut de l'intelligence :
Dequoy ne vient-il point à bout ?
Gygés estoit bien fait ; on l'excusa sans peine :
Sur le monstreur d'appas tomba toute la hayne.
Il estoit mari, c'est son mal,
Et les gens de ce caractere
Ne sçauroient en aucune affaire
Commettre de peché qui ne soit capital.
Qu'est-il besoin d'user d'un plus ample prologue ?
Voila le Roy haï, voila Gygés aymé,
Voila tout fait et tout formé
Un époux du grand catalogue ;
Dignité peu briguée, et qui fleurit pourtant.
La sotise du Prince estoit d'un tel mérite,
Qu'il fut fait in petto confrere de Vulcan ;
De là jusqu'au bonnet la distance est petite.
Cela n'estoit que bien, mais la parque maudite
Fut aussi de l'intrigue, et, sans perdre de temps,
Le pauvre Roy par nos amans
Fut deputé vers le Cocite ;
On le fit trop boire d'un coup :
Quelquefois, helas ! c'est beaucoup.
Bien tost un certain breuvage
Luy fit voir le noir rivage,
Tandis qu'aux yeux de Gygés
S'étaloient de blancs objets :
Car, fust-ce amour, fust-ce rage,
Bien-tost la Reyne le mit
Sur le thrône et dans son lit.
Mon dessein n'étoit pas d'étendre cette histoire :
On la sçavoit assez ; mais je me sçais bon gré,

Car l'exemple a trés-bien quadré ;
Mon texte y va tout droit : mesme j'ay peine à croire
Que le docteur en loix dont je vais discourir
Puisse mieux que Candaule à mon but concourir.
Rome, pour ce coup cy, me fournira la Scene ;
Rome, non celle-la que les mœurs du vieux temps
Rendoient triste, severe, incommode aux galants,
    Et de sottes femelles pleine ;
Mais Rome d'aujourd'huy, séjour charmant et beau,
    Où l'on suit un train plus nouveau.
    Le plaisir est la seule affaire
    Dont se piquent ses habitans :
    Qui n'auroit que vingt ou trente ans,
    Ce seroit un voyage à faire.
Rome donc eut naguere un maistre dans cét art
Qui du tien et du mien tire son origine,
Homme qui hors de là faisoit le gouguenard ;
    Tout passoit par son étamine :
    Aux dépends du tiers et du quart
Il se divertissoit. Avint que le légiste,
Parmi ses écoliers, dont il avoit toûjours
    Longue liste,
Eut un François, moins propre à faire en droit un cours
    Qu'en Amours.
Le Docteur, un beau jour, le voyant sombre et triste,
Luy dit : « Nôtre feal, vous voila de relais,
Car vous avez la mine, estant hors de l'école,
    De ne lire jamais
    Bartole.
Que ne vous poussez-vous ? Un François estre ainsi
    Sans intrigue et sans amourettes !
Vous avez des talens ; nous avons des coquettes,
    Non pas pour une, Dieu merci. »
L'étudiant reprit : « Je suis nouveau dans Rome ;
Et puis, hors les beautez qui font plaisir aux gens

Pour la somme,
Je ne vois pas que les galans
Trouvent icy beaucoup à faire.
Toute maison est monastere :
Double porte, verroux, une matrone austere,
Un mary, des Argus. Qu'irais-je, à vostre avis,
Chercher en de pareils logis ?
Prendre la lune aux dents seroit moins difficile.
—Ha ! ha ! la lune aux dents ! repartit le Docteur ;
Vous nous faites beaucoup d'honneur.
J'ay pitié des gens nœufs comme vous. Nostre Ville
Ne vous est pas connue, en tant que je puis voir.
Vous croyez donc qu'il faille avoir
Beaucoup de peine à Rome en fait que d'avantures ?
Sçachez que nous avons icy des creatures
Qui feront leurs maris cocus
Sur la moustache des Argus.
La chose est chez nous trés commune.
Témoignez seulement que vous cherchez fortune ;
Placez-vous dans l'Eglise auprés du benistier ;
Presentez sur le doigt aux Dames l'eau sacrée ;
C'est d'amourettes les prier.
Si l'air du suppliant à quelque Dame agrée,
Celle-là, sçachant son métier,
Vous envoyra faire un message.
Vous serez déterré, logeassiez-vous en lieu
Qui ne fust connu que de Dieu :
Une vieille viendra, qui, faite au badinage,
Vous sçaura mesnager un secret entretien.
Ne vous embarrassez de rien.
De rien ; c'est un peu trop, j'excepte quelque chose :
Il est bon de vous dire en passant, nostre ami,
Qu'à Rome il faut agir en galand et demi.
En France on peut conter des fleurettes, l'on cause ;
Icy tous les momens sont chers et précieux :

Romaines vont au but.» L'autre reprit : « Tant mieux.
  Sans estre gascon je puis dire
  Que je suis un merveilleux sire. »
  Peut-estre ne l'estoit-il point :
  Tout homme est gascon sur ce poinct.
Les avis du Docteur furent bons : le jeune homme
Se campe en une Eglise où venoit tous les jours
  La fleur et l'élite de Rome,
Des Graces, des Venus, avec un grand concours
  D'amours,
C'est à dire, en chrestien, beaucoup d'Anges femelles.
Sous leurs voiles brilloient des yeux pleins d'étincelles.
Benistier, le lieu saint n'estoit pas sans cela :
Nostre homme en choisit un chanceux pour ce poinct
A chaque objet qui passe adoucit ses prunelles; [là ;
Reverences, le drosle en faisoit des plus belles,
  Des plus dévotes : cependant
Il offroit l'eau lustrale. Un Ange, entre les autres,
En prit de bonne grace. Alors l'étudiant
  Dit en son cœur : Elle est des nôtres.
Il retourne au logis : vieille vient ; rendez-vous :
D'en conter le détail, vous vous en doutez tous.
  Il s'y fit nombre de folies.
  La Dame estoit des plus jolies,
  Le passe temps fut des plus doux.
Il le conte au Docteur. Discretion françoise
Est chose outre nature et d'un trop grand effort.
  Dissimuler un tel transport,
  Cela sent son humeur bourgeoise.
Du fruit de ses conseils le docteur s'applaudit,
Rit en Jurisconsulte, et des maris se raille.
  Pauvres gens qui n'ont pas l'esprit
  De garder du loup leur ouaille !
Un berger en a cent ; des hommes ne sçauront
  Garder la seule qu'ils auront !

Bien luy sembloit ce soin chose un peu malaisée,
Mais non pas impossible, et, sans qu'il eust cent yeux,
   Il défioit, graces aux Cieux,
   Sa femme, encor que trés rusée.
   A ce discours, ami Lecteur,
Vous ne croiriez jamais, sans avoir quelque honte,
   Que l'heroïne de ce conte
   Fust propre femme du Docteur :
Elle l'estoit pourtant. Le pis fut que mon homme,
En s'informant de tout, et des si, et des cas,
Et comme elle estoit faite, et quels secrets appas,
   Vid que c'estoit sa femme en somme.
Un seul poinct l'arrestoit ; c'estoit certain talent
Qu'avoit en sa moitié trouvé l'étudiant,
Et que pour le mari n'avoit pas la donzelle,
   « A ce signe, ce n'est pas elle,
   Disoit en soy le pauvre Epoux ;
   Mais les autres poincts y sont tous ;
C'est elle. Mais ma femme au logis est resveuse,
   Et celle-cy paroist causeuse
   Et d'un agreable entretien ;
   Assurément c'en est une autre ;
   Mais du reste il n'y manque rien :
Taille, visage, traits, mesme poil ; c'est la nostre. »
   Aprés avoir bien dit tout bas,
   Ce l'est, et puis, ce ne l'est pas,
Force fut qu'au premier en demeurast le sire.
   Je laisse à penser son courroux,
   Sa fureur, afin de mieux dire.
« Vous vous estes donnez un second rendez-vous ?
Poursuivit-il. — Oui, reprit nostre apôtre ;
Elle et moy n'avons eu garde de l'oublier,
   Nous trouvans trop bien du premier
   Pour n'en pas mesnager un autre,
Trés résolus tous deux de ne nous rien devoir.

— La résolution, dit le Docteur, est belle.
Je sçaurois volontiers quelle est cette donzelle. »
L'écolier repartit : « Je ne l'ay pu sçavoir ;
Mais qu'importe : Il suffit que je sois contant d'elle.
   Dés à présent je vous réponds
Que l'Epoux de la Dame a toutes ses façons :
Si quelqu'une manquoit, nous la luy donnerons
Demain, à tel endroit, à telle heure, sans faute.
   On doit m'attendre entre deux draps,
Champ de bataille propre à de pareils combats.
Le rendez-vous n'est point dans une chambre haute :
   Le logis est propre et paré.
On m'a fait à l'abord traverser un passage
   Où jamais le jour n'est entré ;
Mais aussi-tost aprés, la vieille du message
M'a conduit dans des lieux où loge, en bonne foy,
   Tout ce qu'amour a de délices :
   On peut s'en rapporter à moy. »
A ce discours jugez quels estoient les supplices
Qu'enduroit le Docteur. Il forme le dessein
   De s'en aller le lendemain
Au lieu de l'écolier, et, sous ce personnage,
Convaincre sa moitié, luy faire un vasselage
   Dont il fust à jamais parlé.
   N'en déplaise au nouveau confrere,
   Il n'estoit pas bien conseillé ;
   Mieux valoit pour le coup se taire
   Sauf d'apporter en temps et lieu
   Remede au cas, moyennant Dieu.
Quand les épouses font un récipiendaire
   Au benoist estat de cocu,
S'il en peut sortir franc, c'est à luy beaucoup faire :
   Mais, quand il est déja receu,
Une façon de plus ne fait rien à l'affaire.
Le Docteur raisonna d'autre sorte, et fit tant

Qu'il ne fit rien qui vaille. Il crut qu'en prévenant
       Son parrein en cocuage,
       Il feroit tour d'homme sage :
       Son parrein, cela s'entend,
       Pourveu que sous ce galant
       Il eust fait aprentissage,
Chose dont à bon droit le Lecteur peut douter.
Quoy qu'il en soit, l'epoux ne manque pas d'aller
       Au logis de l'avanture,
       Croyant que l'allée obscure,
Son silence, et le soin de ce cacher le nez,
Sans qu'il fust reconnu, le feroient introduire
       En ces lieux si fortunez ;
Mais, par malheur, la vieille avoit pour se conduire
Une lanterne sourde ; et, plus fine cent fois
       Que le plus fin Docteur en loix,
Elle reconnut l'homme, et sans estre surprise,
       Elle luy dit : « Attendez là ;
       Je vais trouver Madame Elise.
Il la faut avertir : je n'ose sans cela
Vous mener dans sa chambre ; et puis vous devez estre
       En autre habit pour l'aller voir :
C'est à dire, en un mot, qu'il n'en faut point avoir.
Madame attend au lit. » A ces mots nôtre Maistre,
Poussé dans quelque bouge, y voit d'abord parestre
Tout un deshabillé, des mules, un peignoir,
Bonnet, robe de chambre, avec chemise d'homme,
Parfums sur la toilette, et des meilleurs de Rome ;
Le tout propre, arrangé, de mesme qu'on eust fait
Si l'on eust attendu le Cardinal préfet.
Le Docteur se dépouille, et cette gouvernante
Revient, et par la main le conduit en des lieux
Où nostre homme, privé de l'usage des yeux,
       Va d'une façon chancelante.
       Aprés ces détours ténebreux,

La vieille ouvre une porte, et vous pousse le sire
    En un fort mal plaisant endroit,
      Quoy que ce fust son propre Empire :
    C'estoit en l'Ecole de droit.
En l'Ecole de droit ! Là mesme. Le pauvre homme
Honteux, surpris, confus, non sans quelque raison,
    Pensa tomber en pamoison.
    Le conte en courut par tout Rome.
Les écoliers alors attendoient leur regent :
Cela seul achevoit sa mauvaise fortune.
Grand éclat de risée et grand chuchillement,
    Universel étonnement.
Est-il fou ? qu'est-ce là ? vient-il de voir quelqu'une ?
Ce ne fut pas le tout ; sa femme se plaignit.
Procés. La parenté se joint en cause, et dit
Que du Docteur venoit tout le mauvais mesnage ;
Que cet homme estoit fou, que sa femme estoit sage.
    On fit casser le mariage ;
    Et puis la Dame se rendit
    Belle et bonne Religieuse
    A Saint-Croissant en Vavoureuse.
    Un Prélat luy donna l'habit.

IX. — LE DIABLE EN ENFER

Qui craint d'aymer a tort, selon mon sens,
S'il ne fuit pas dés qu'il void une belle.
Je vous connois, objets doux et puissans ;
Plus ne m'iray brûler à la chandelle.
Une vertu sort de vous, ne sçais quelle,
Qui dans le cœur s'introduit par les yeux :
Ce qu'elle y fait, besoin n'est de le dire ;

L. F., CONTES. II.   4

On meurt d'amour, on languit, on soûpire :
Pas ne tiendroit aux gens qu'on ne fist mieux.
A tels perils ne faut qu'on s'abandonne.
J'en vais donner pour preuve une personne
Dont la beauté fit trébucher Rustic.
Il en avint un fort plaisant trafic :
Plaisant fut-il, au peché prés, sans faute ;
Car pour ce poinct, je l'excepte, et je l'oste,
Et ne suis pas du goust de celle la
Qui, buvant frais (ce fut, je pense, à Rome),
Disoit : « Que n'est-ce un peché que cela ! »
Je la condamne, et veux prouver en somme
Qu'il fait bon craindre, encor que l'on soit saint.
Rien n'est plus vray : si Rustic avoit craint,
Il n'auroit pas retenu cette fille,
Qui, jeune et simple, et pourtant trés-gentille,
Jusques au vif vous l'eut bien-tost atteint.
Alibech fut son nom, si j'ay memoire ;
Fille un peu neuve, à ce que dit l'histoire.
Lisant un jour comme quoy certains saints,
Pour mieux vaquer à leurs pieux desseins,
Se sequestroient, vivoient comme des Anges,
Qui çà, qui là, portans toûjours leurs pas
En lieux cachez, choses qui, bien qu'étranges,
Pour Alibech avoient quelques appas :
« Mon Dieu ! dit-elle, il me prend une envie
D'aller mener une semblable vie. »
Alibech donc s'en va sans dire adieu ,
Mere ny sœur, nourrice ny compagne
N'est avertie. Alibech en campagne
Marche toûjours, n'arreste en pas un lieu.
Tant court en fin qu'elle entre en un bois sombre ;
Et dans ce bois elle trouve un vieillard,
Homme possible autrefois plus gaillard,   [bre.
Mais n'estant lors qu'un squelette et qu'une om-

« Pere, dit-elle, un mouvement m'a pris,
C'est d'estre sainte, et meriter pour prix
Qu'on me révere, et qu'on chomme ma feste.
Ô quel plaisir j'aurois, si tous les ans,
La palme en main, les rayons sur la teste,
Je recevois des fleurs et des presens !
Vôtre métier est-il si difficile ?
Je sçais dé-ja jeûner plus d'à demi.
— Abandonnez ce penser inutile,
Dit le vieillard ; je vous parle en ami.
La sainteté n'est chose si commune
Que le jeûner suffise pour l'avoir.
Dieu gard de mal fille et femme qui jeûne
Sans pour cela guere mieux en valoir !
Il faut encor pratiquer d'autres choses,
D'autres vertus, qui me sont lettres closes,
Et qu'un Hermite habitant de ces bois
Vous apprendra mieux que moy mille fois.
Allez-le voir, ne tardez davantage :
Je ne retiens tels oiseaux dans ma cage. »
Disant ces mots, le vieillard la quita,
Ferma sa porte et se barricada.
Trés sage fut d'agir ainsi, sans doute,
Ne se fiant à vieillesse ny goute,
Jeûne ny haire, enfin à rien qui soit.
Non loin de là nôtre sainte apperçoit
Celuy de qui ce bon vieillard parloit,
Homme ayant l'ame en Dieu toute occupée,
Et se faisant tout blanc de son épée.
C'étoit Rustic, jeune saint trés fervent :
Ces jeunes là s'y trompent bien souvent.
En peu de mots l'appetit d'estre sainte
Luy fut d'abord par la belle expliqué ;
Appetit tel qu'Alibech avoit crainte
Que quelque jour son fruit n'en fust marqué.

Rustic sourit d'une telle innocence :
« Je n'ay, dit-il, que peu de connoissance
En ce mestier ; mais ce peu là que j'ay
Bien volontiers vous sera partagé ;
Nous vous rendrons la chose familiere. »
Maître Rustic eust dû donner congé
Tout dés l'abord à semblable écoliere.
Il ne le fit ; en voici les effets.
Comme il vouloit estre des plus parfaits,
Il dit en soy: « Rustic, que sçais-tu faire ?
Veiller, prier, jeûner, porter la haire.
Qu'est-ce cela ? moins que rien, tous le font.
Mais d'estre seul auprés de quelque belle
Sans la toucher, il n'est victoire telle ;
Triomphes grands chez les Anges en sont :
Meritons les ; retenons cette fille :
Si je résiste à chose si gentille,
J'atteinds le comble, et me tire du pair. »
Il la retint, et fut si téméraire,
Qu'outre Satan il défia la chair,
Deux ennemis toûjours prests à mal faire.
Or sont nos saints logés sous méme toict.
Rustic apreste, en un petit endroit,
Un petit lit de jonc pour la Novice ;
Car, de coucher sur la dure d'abord,
Quelle apparence ? elle n'estoit encor
Accoûtumée à si rude exercice.
Quant au souper, elle eut pour tout service
Un peu de fruit, du pain non pas trop beau.
Faites estat que la magnificence
De ce repas ne consista qu'en l'eau,
Claire, d'argent, belle par excellence.
Rustic jeûna ; la fille eut appetit.
Couchez à part, Alibech s'endormit ;
L'hermite non. Une certaine beste,

Diable nommée, un vray serpent maudit,
N'eut point de paix qu'il ne fût de la féte.
On l'y reçoit. Rustic roule en sa teste,
Tantost les traits de la jeune beauté,
Tantost sa grace et sa naïveté,
Et ses façons, et sa maniere douce,
L'âge, la taille, et surtout l'enbonpoint,
Et certain sein ne se reposant point,
Allant, venant ; sein qui pousse et repousse
Certain corset, en dépit d'Alibech,
Qui tasche en vain de luy clorre le bec :
Car toûjours parle ; il va, vient et respire :
C'est son patois ; Dieu sçait ce qu'il veut dire.
Le pauvre Hermite, émeu de passion,
Fit de ce poinct sa méditation.
Adieu la haire, adieu la discipline ;
Et puis voila de ma devotion !
Voila mes saints ! celuy-cy s'achemine
Vers Alibech, et l'éveille en sursaut :
« Ce n'est bien fait que de dormir si tost,
Dit le frater ; il faut au préallable
Qu'on fasse une œuvre à Dieu fort agreable,
Emprisonnant en enfer le malin ;
Créé ne fut pour aucune autre fin :
Procédons-y. » Tout à l'heure il se glisse
Dedans le lit. Alibech, sans malice,
N'entendoit rien à ce mystere-là,
Et, ne sçachant ny cecy ny cela,
Moitié forcée et moitié consentante,
Moitié voulant combatre ce désir,
Moitié n'osant, moitié peine et plaisir,
Elle creut faire acte de repentante ;
Bien humblement rendit grace au frater ;
Sceut ce que c'est que le diable en enfer.
Desormais faut qu'Alibech se contante

D'estre martire, en cas que sainte soit :
Frere Rustic peu de vierges faisoit.
Cette leçon ne fut la plus aisée,
Dont Alibech, non encor déniaisée,
Dit : « Il faut bien que le Diable en effet
Soit une chose étrange et bien mauvaise :
Il brise tout ; voyez le mal qu'il fait
A sa prison : non pas qu'il m'en déplaise ;
Mais il merite, en bonne verité,
D'y retourner. — Soit fait, ce dit le frere. »
Tant s'appliqua Rustic à ce mystere,
Tant prit de soin, tant eut de charité,
Qu'enfin l'Enfer s'accoustumant au Diable
Eust eu toûjours sa presence agreable,
Si l'autre eust pu toûjours en faire essay.
Surquoy la belle : « On dit encor bien vray,.
Qu'il n'est prison si douce, que son hôte
En peu de temps ne s'y lasse sans faute. »
Bien tost nos gens ont noise sur ce poinct.
En vain l'Enfer son prisonnier rappelle ;
Le Diable est sourd, le Diable n'entend point..
L'enfer s'ennuye, autant en fait la belle ;
Ce grand desir d'estre sainte s'en va.
Rustic voudroit estre depestré d'elle ;
Elle pourveoit d'elle mesme à cela.
Furtivement elle quite le sire,
Par le plus court s'en retourne chez soy.
Je suis en soin de ce qu'elle put dire
A ses parens ; c'est ce qu'en bonne foy
Jusqu'à present je n'ay bien sceu comprendre..
Apparemment elle leur fit entendre
Que son cœur, meu d'un appetit d'enfant,
L'avoit portée à tascher d'estre sainte :
Ou l'on la crut, ou l'on en fit semblant.
Sa parenté prit pour argent contant

Un tel motif : non que de quelque atteinte
A son enfer on n'eust quelque soupçon :
Mais cette chartre est faite de façon
Qu'on n'y void goute, et maint geolier s'y trompe.
Alibech fut festinée en grand pompe.
L'histoire dit que par simplicité
Elle conta la chose à ses compagnes.
« Besoin n'estoit que vôtre sainteté,
Ce luy dit-on, traversast ces campagnes ;
On vous auroit, sans bouger du logis,
Mesme leçon, mesme secret appris.
— Je vous aurois, dit l'une, offert mon frere :
— Vous auriez eu, dit l'autre, mon cousin ;
Et Nèherbal, nôtre prochain voisin,
N'est pas non plus novice en ce mystere.
Il vous recherche ; acceptez ce parti,
Devant qu'on soit d'un tel cas averti. »
Elle le fit. Nèherbal n'estoit homme
A cela prés. On donna telle somme,
Qu'avec les traits de la jeune Alibech
Il prit pour bon un enfer trés-suspect,
Usant des biens que l'Hymen nous envoye.
A tous époux Dieu doint pareille joye,
Ne plus ne moins qu'employoit au desert
Rustic son diable, Alibech son enfer.

X. — LA JUMENT DU COMPERE PIERRE

Messire Jean (c'estoit certain Curé
Qui preschoit peu, sinon sur la Vendange)
Sur ce sujet, sans estre préparé,
Il triomphoit ; vous eussiez dit un Ange.

Encore un poinct estoit touché de luy,
Non si souvent qu'eust voulu le Messire ;
Et ce poinct là les enfans d'aujourd'huy
Sçavent que c'est, besoin n'ay de le dire.
Messire Jean, tel que je le descris,
Faisoit si bien que femmes et maris
Le recherchoient, estimoient sa science ;
Au demeurant, il n'estoit conscience
Un peu jolie, et bonne à diriger,
Qu'il ne voulust luy mesme interroger,
Ne s'en fiant aux soins de son Vicaire.
Messire Jean auroit voulu tout faire,
S'entremettoit en zelé directeur,
Alloit par tout, disant qu'un bon Pasteur
Ne peut trop bien ses ouailles connoistre,
Dont par luy mesme instruit en vouloit estre.
Parmi les gens de luy les mieux venus,
Il frequentoit chez le compere Pierre,
Bon villageois, à qui pour toute terre,
Pour tout domaine et pour tous revenus,
Dieu ne donna que ses deux bras tout nus,
Et son louchet, dont, pour toute ustensille,
Pierre faisoit subsister sa famille.
Il avoit femme et belle et jeune encor,
Ferme sur tout ; le hasle avoit fait tort
A son visage, et non à sa personne.
Nous autres gens peut-estre aurions voulu
Du délicat ; ce rustiq ne m'eust plu :
Pour des Curez la paste en estoit bonne,
Et convenoit à semblables amours.
Messire Jean la regardoit toûjours
Du coin de l'œil, toûjours tournoit la teste
De son costé, comme un chien qui fait feste
Aux os qu'il void n'estre par trop chétifs ;
Que s'il en void un de belle apparence,

Non décharné, plein encor de substance,
Il tient dessus ses regards attentifs :
Il s'inquiete, il trepigne, il remue
Oreille et queue ; il a toujours la veue
Dessus cet os, et le ronge des yeux
Vingt fois devant que son palais s'en sente.
Messire Jean tout ainsi se tourmente
A cet objet pour luy delicieux.
La Villageoise estoit fort innocente,
Et n'entendoit aux façons du Pasteur
Mystere aucun ; ny son regard flateur
Ny ses presens ne touchoient Magdeleine :
Bouquets de thin et pots de marjolaine
Tomboient à terre : avoir cent menus soins,
C'estoit parler bas-breton tout au moins.
Il s'avisa d'un plaisant stratagême.
Pierre estoit lourd, sans esprit : je crois bien
Qu'il ne se fust précipité luy mesme,
Mais par delà de luy demander rien
C'estoit abus et trés grande sottise.
L'autre luy dit : « Compere mon ami,
Te voila pauvre, et n'ayant à demi
Ce qu'il te faut ; si je t'apprends la guise
Et le moyen d'estre un jour plus contant
Qu'un petit Roy, sans te tourmenter tant,
Que me veux tu donner pour mes estreines ! »
Pierre répond : « Parbleu ! messire Jean,
Je suis à vous ; disposez de mes peines,
Car vous sçavez que c'est tout mon vaillant.
Nôtre cochon ne nous faudra pourtant ;
Il a mangé plus de son, par mon ame !
Qu'il n'en tiendroit trois fois dans ce tonneau,
Et d'abondant, la vache à nôtre femme
Nous a promis qu'elle feroit un veau :
Prenez le tout. — Je ne veux nul salaire,

Dit le Pasteur ; obliger mon compere
Ce m'est assez. Je te diray comment :
Mon dessein est de rendre Magdeleine
Jument le jour, par art d'enchantement,
Luy redonnant sur le soir forme humaine.
Trés-grand profit pourra certainement
T''en revenir ; car ton Asne est si lent,
Que du marché l'heure est presque passée
Quand il arrive ; ainsi tu ne vends pas
Comme tu veux tes herbes, ta denrée,
Tes choux, tes aulx, enfin tout ton tracas.
Ta femme, estant jument forte et menbrue,
Ira plus viste ; et si tost que chez toy
Elle sera du marché revenue,
Sans pain ny soupe, un peu d'herbe menue
Luy suffira. » Pierre dit : « Sur ma foy !
Messire Jean, vous estes un sage homme.
Voyez que c'est d'avoir étudié !
Vend-on cela ? Si j'avois grosse somme,
Je vous l'aurois parbleu bien tost payé. »
Jean poursuivit : « Or çà, je t'aprendray
Les mots, la guise, et toute la maniere
Par où jument, bien faite et pouliniere,
Auras de jour, belle femme de nuit.
Corps, teste, jambe, et tout ce qui s'ensuit
Luy reviendra ; tu n'as qu'à me veoir faire.
Tay-toy sur tout ; car un mot seulement
Nous gasteroit tout nôtre enchantement ;
Nous ne pourrions revenir au mystere
De nostre vie ; encore un coup, motus,
Bouche cousue ; ouvre les yeux sans plus :
Toy mesme aprés pratiqueras la chose. »
Pierre promet de se taire, et Jean dit :
« Sus, Magdeleine ; il se faut, et pour cause,
Despouiller nue et quiter cet habit.

Dégrafez-moy cet atour des Dimanches.
Fort bien. Ostez ce corset et ces manches :
Encore mieux. Défaites ce jupon :
Trés-bien cela. » Quant vint à la chemise,
La pauvre épouse eut en quelque façon
De la pudeur. Estre nue ainsi mise
Aux yeux des gens ! Magdeleine aymoit mieux
Demeurer femme, et juroit ses grands Dieux
De ne souffrir une telle vergogne.
Pierre luy dit : « Voila grande besogne !
Et bien, tous deux nous sçaurons comme quoy
Vous estes faite ; est-ce, par vostre foy,
Dequoy tant craindre ? Et là, là, Magdeleine,
Vous n'avez pas toûjours eu tant de peine
A tout oster. Comment donc faites-vous
Quand vous cherchez vos puces ? dites-nous.
Messire Jean est-ce quelqu'un d'étrange ?
Que craignez-vous ? Hé quoy ? qu'il ne vous mange ?
Ça, dépeschons : c'est par trop marchandé.
Depuis le temps, Monsieur nostre Curé
Auroit des-ja parfait son entreprise. »
Disant ces mots, il oste la chemise,
Regarde faire, et ses lunettes prend.
Messire Jean par le nombril commence,
Pose dessus une main en disant :
Que cecy soit beau poitrail de Jument.
Puis cette main dans le pays s'avance.
L'autre s'en va transformer ces deux monts
Qu'en nos climats les gens nomment tetons ;
Car, quant à ceux qui sur l'autre hemisphere
Sont étendus, plus vastes en leur tour,
Par reverence on ne les nomme guere.
Messire Jean leur fait aussi sa cour,
Disant toûjours pour la ceremonie,
Que cecy soit telle ou telle partie,

Ou belle croupe, ou beaux flancs, tout enfin.
Tant de façons mettoient Pierre en chagrin ;
Et, ne voyant nul progrés à la chose,
Il prioit Dieu pour la métamorphose.
C'estoit en vain ; car de l'enchantement
Toute la force et l'accomplissement
Gisoit à mettre une queue à la beste.
Tel ornement est chose fort honneste :
Jean, ne voulant un tel poinct oublier,
L'attache donc. Lors Pierre de crier
Si haut qu'on l'eust entendu d'une lieue :
« Messire Jean, je n'y veux point de queue ?
Vous l'attachez trop bas, Messire Jean ! »
Pierre à crier ne fut si diligent,
Que bonne part de la ceremonie
Ne fust des-ja par le Prestre accomplie.
A bonne fin le reste auroit esté,
Si, non contant d'avoir des-ja parlé,
Pierre encor n'eust tiré par la soutane
Le Curé Jean, qui luy dit : « Foin de toy !
T'avois-je pas recommandé, gros asne,
De ne rien dire, et de demeurer coy ?
Tout est gasté ; ne t'en pren qu'à toi-mesme. »
Pendant ces mots, l'époux gronde à part soy.
Magdeleine est en un courroux extreme,
Querelle Pierre, et luy dit : «Malheureux !
Tu ne seras qu'un miserable gueux
Toute ta vie ! Et puis vien-t'en me braire,
Vien me conter ta faim et ta douleur !
Voyez un peu: Monsieur nostre Pasteur
Veut de sa grace à ce traisne-malheur
Monstrer dequoy finir nostre misere :
Merite-t-il le bien qu'on luy veut faire ?
Messire Jean, laissons là cet oyson :
Tous les matins, tandis que ce veau lie

Ses choux, ses aulx, ses herbes, son oignon,
Sans l'avertir venez à la maison ;
Vous me rendrez une Jument polie. »
Pierre reprit : « Plus de Jument, mamie ;
Je suis contant de n'avoir qu'un grison. »

XI.—PASTÉ D'ANGUILLE

Mesme beauté, tant soit exquise,
Rassasie et soûle à la fin.
Il me faut d'un et d'autre pain :
Diversité, c'est ma devise.
Cette maîtresse un tantet bize
Rit à mes yeux ; pourquoy cela ?
C'est qu'elle est neuve ; et celle-la
Qui depuis longtemps m'est acquise,
Blanche qu'elle est, en nulle guise
Ne me cause d'émotion.
Son cœur dit ouy, le mien dit non.
D'où vient ? en voicy la raison :
Diversité, c'est ma devise.
Je l'ay ja dit d'autre façon ;
Car il est bon que l'on desguise ;
Suivant la Loy de ce dicton,
Diversité, c'est ma devise.
Ce fut celle aussi d'un mary
De qui la femme estoit fort belle.
Il se trouva bien tost guery
De l'amour qu'il avoit pour elle :
L'Hymen et la possession
Eteignirent sa passion.
Un sien Valet avoit pour femme

Un petit bec assez mignon :
Le maistre, estant bon compagnon,
Eut bien tost empaumé la Dame.
Cela ne plûst pas au Valet,
Qui, les ayant pris sur le fait,
Vendiqua son bien de couchete,
A sa moitié chanta goguette,
L'appella tout net et tout franc....
Bien sot de faire un bruit si grand
Pour une chose si commune ;
Dieu nous gard de plus grand fortune !
Il fit à son Maistre un sermon.
« Monsieur, dit-il, chacun la sienne,
Ce n'est pas trop ; Dieu et raison
Vous recommandent cétte Antienne.
Direz-vous : Je suis sans Chrestienne ?
Vous en avez à la maison
Une qui vaut cent fois la mienne.
Ne prenez donc plus tant de peine :
C'est pour ma femme trop d'honneur ;
Il ne lui faut si gros Monsieur.
Tenons-nous chacun à la nostre ;
N'allez point à l'eau chez un autre ;
Ayant plein puits de ces douceurs :
Je m'en raporte aux connoisseurs.
Si Dieu m'avoit fait tant de grace
Qu'ainsi que vous je disposasse
De Madame, je m'y tiendrois,
Et d'une Reine ne voudrois.
Mais puis qu'on ne sçauroit défaire
Ce qui s'est fait, je voudrois bien
(Ceci soit dit sans vous deplaire),
Que, contant de vostre ordinaire,
Vous ne goûtassiez plus du mien. »
Le patron ne voulut luy dire

Ni ouy ny non sur ce discours,
Et commanda que tous les jours
On mist aux repas, prés du sire,
Un pasté d'Anguille : ce mets
Lui chatouilloit fort le palais.
Avec un appetit extreme
Une et deux fois il en mangea :
Mais, quand ce vint à la troisiesme,
La seule odeur le dégoûta.
Il voulut sur une autre viande
Mettre la main ; on l'empêcha.
« Monsieur, dit-on, nous le commande :
Tenez-vous en à ce mets-là :
Vous l'aimez, qu'avez-vous à dire ?
— M'en voilà soû, reprit le Sire.
Et quoy ! toûjours pastez au bec !
Pas une Anguille de rostie !
Pastez tous les jours de ma vie !
J'aymerois mieux du pain tout sec.
Laissez-moy prendre un peu du vôtre,
Pain de par Dieu, ou de par l'autre ;
Au Diable ces pastez maudits !
Ils me suivront en Paradis,
Et par delà, Dieu me pardonne ! »
Le Maistre accourt soudain au bruit ;
Et, prenant sa part du deduit :
« Mon Amy, dit-il, je m'étonne
Que d'un mets si plein de bonté
Vous soyez si tôt dégoûté.
Ne vous ay-je pas ouy dire
Que c'estoit vôtre grand ragoût ?
Il faut qu'en peu de temps, beau Sire,
Vous ayez bien changé de goût.
Qu'ay-je fait qui fust plus étrange ?
Vous me blâmez lors que je change

Un mets que vous croyez friand,
Et vous en faites tout autant !
Mon doux Amy, je vous aprend
Que ce n'est pas une sottise,
En fait de certains apetits,
De changer son pain blanc en bis :
Diversité, c'est ma devise. »
Quand le Maistre eut ainsi parlé,
Le Valet fut tout consolé.
Non que ce dernier n'eust à dire
Quelque chose encor là dessus :
Car, aprés tout, doit-il suffire
D'alléguer son plaisir sans plus ?
J'ayme le change. A la bonne heure !
On vous l'accorde ; mais gagnez,
S'il se peut, les interessez ;
Cette voye est bien la meilleure :
Suivez-la donc. A dire vray,
Je crois que l'amateur du change
De ce conseil tenta l'essay.
On dit qu'il parloit comme un Ange,
De mots dorez usant toûjours.
Mots dorez font tout en Amours,
C'est une maxime constante.
Chacun sçait quelle est mon entente :
J'ai rebattu cent et cent fois
Cecy dans cent et cent endroits :
Mais la chose est si necessaire
Que je ne puis jamais m'en taire,
Et rediray jusques au bout :
Mots dorez en Amours font tout.
Ils persuadent la donzelle,
Son petit chien, sa demoiselle,
Son époux quelque fois aussi.
C'est le seul qu'il falloit icy

Persuader : il n'avoit l'ame
Sourde à cette eloquence ; et, Dame !
Les Orateurs du temps jadis
N'en ont de telle en leurs écrits.
Nôtre jaloux devint commode :
Même on dit qu'il suivit la mode
De son maistre, et toûjours depuis
Changea d'objets en ses deduits.
Il n'estoit bruit que d'avantures
Du chrétien et de creatures.
Les plus nouvelles, sans manquer,
Estoient pour luy les plus gentilles :
Par où le drôle en pût croquer
Il en croqua ; femmes et filles,
Nimphes, grisettes, ce qu'il put.
Toutes estoient de bonne prise ;
Et sur ce poinct, tant qu'il vescut,
Diversité fut sa devise.

XII. — LES LUNETTES

J'avois juré de laisser là les Nones :
Car, que toûjours on voye en mes écrits
Mesme sujet et semblables personnes,
Cela pourroit fatiguer les esprits.
Ma muse met guimpe sur le tapis ;
Et puis quoy ? Guimpe, et puis guimpe sans cesse ;
Bref, toûjours guimpe et guimpe sous la presse ;
C'est un peu trop. Je veux que les Nonains
Fassent les tours en amour les plus fins ;
Si ne faut-il pour cela qu'on épuise
Tout le sujet. Le moyen ? c'est un fait

Par trop fréquent ; je n'aurois jamais fait :
Il n'est Greffier dont la plume y suffise.
Si j'y tâchois, on pourroit soupçonner
Que quelque cas m'y feroit retourner,
Tant sur ce poinct mes vers font de rechutes ;
Toûjours souvient à Robin de ses flûtes.
Or apportons à cela quelque fin ;
Je le prétends, cette tâche icy faite.
Jadis s'estoit introduit un blondin
Chez des Nonains, à titre de fillette.
Il n'avoit pas quinze ans que tout ne fust,
Dont le galant passa pour sœur Colette,
Auparavant que la barbe luy crust.
Cet entre temps ne fust sans fruit : le Sire
L'employa bien : Agnés en profita.
Las ! quel profit ! j'eusse mieux fait de dire
Qu'à sœur Agnés malheur en arriva.
Il luy falut élargir sa ceinture,
Puis mettre au jour petite creature
Qui ressembloit comme deux goutes d'eau,
Ce dit l'histoire, à la sœur Jouvenceau.
Voila scandale et bruit dans l'Abbaye ;
D'où cet enfant est-il plu ? comme a-t-on,
Disoient les sœurs en riant, je vous prie,
Trouvé ceans ce petit champignon ?
Si ne s'est-il aprés tout fait luy mesme.
La Prieure est en un courroux extreme :
Avoir ainsi souillé cette maison !
Bien tost on mit l'accouchée en prison ;
Puis il falut faire enqueste du pere.
Comment est-il entré, comment sorti ?
Les murs sont hauts, antique la touriere,
Double la grille, et le tour trés petit.
« Seroit-ce point quelque garçon en fille ?
Dit la Prieure, et parmi nos brebis

N'aurions-nous point, sous de trompeurs habits,
Un jeune loup ? Sus, qu'on se des-habille ;
Je veux sçavoir la verité du cas.
Qui fut bien pris ? ce fut la feinte ouaille :
Plus son esprit à songer se travaille,
Moins il espere échaper d'un tel pas.
Necessité, mere de stratagême,
Luy fit.... eh bien ? luy fit en ce moment
Lier.... eh quoy ? Foin ! je suis court moy mesme :
Où prendre un mot qui dise honnestement
Ce que lia le pere de l'enfant ?
Comment trouver un détour suffisant
Pour cet endroit ? Vous avez oüi dire
Qu'au temps jadis le genre humain avoit
Fenestre au corps, de sorte qu'on pouvoit
Dans le dedans tout à son aise lire ,
Chose commode aux Medecins d'alors.
Mais si d'avoir une fenestre au corps
Estoit utile, une au cœur au contraire
Ne l'estoit pas, dans les femmes sur tout :
Car le moyen qu'on pust venir à bout
De rien cacher ? Nostre commune mere,
Dame Nature, y pourveut sagement
Par deux lacets de pareille mesure.
L'homme et la femme eurent également
Dequoy fermer une telle ouverture.
La femme fut lacée un peu trop dru :
Ce fut sa faute ; elle mesme en fut cause,
N'estant jamais à son gré trop bien close.
L'homme au rebours ; et le bout du tissu
Rendit en luy la nature perplexe.
Bref, le lacet à l'un et l'autre sexe
Ne put quadrer, et se trouva, dit-on,
Aux femmes court, aux hommes un peu long.
Il est facile à présent qu'on devine

Ce que lia nostre jeune imprudent ;
C'est ce surplus, ce reste de machine,
Bout de lacet aux hommes excedant.
D'un brin de fil il l'attacha de sorte
Que tout sembloit aussi plat qu'aux Nonains :
Mais, fil ou soye, il n'est bride assez forte
Pour contenir ce que bien tost je crains
Qui ne s'échape. Amenez-moy des saints ;
Amenez-moy, si vous voulez, des Anges ;
Je les tiendray creatures estranges,
Si vingt Nonains, telles qu'on les vid lors,
Ne font trouver à leur esprit un corps.
J'entends Nonains ayant tous les tresors
De ces trois sœurs dont la fille de l'onde
Se fait servir ; chiches et fiers appas
Que le soleil ne void qu'au nouveau monde,
Car celuy-cy ne les luy monstre pas.
La Prieure a sur son nez des lunettes,
Pour ne juger du cas legerement.
Tout à l'entour sont debout vingt Nonettes,
En un habit que vray-semblablement
N'avoient pas fait les tailleurs du Couvent.
Figurez-vous la question qu'au Sire
On donna lors : besoin n'est de le dire.
Touffes de lis, proportion du corps,
Secrets appas, enbonpoinct, et peau fine,
Fermes tetons, et semblables ressorts,
Eurent bien tost fait jouer la machine :
Elle eschapa, rompit le fil d'un coup,
Comme un coursier qui romproit son licou,
Et sauta droit au nez de la Prieure,
Faisant voler lunettes tout à l'heure
Jusqu'au plancher. Il s'en falut bien peu
Que l'on ne vist tomber la lunetiere.
Elle ne prit cet accident en jeu.

L'on tint Chapitre, et sur cette matiere
Fut raisonné long-temps dans le logis.
Le jeune loup fut aux vieilles brebis
Livré d'abord. Elle vous l'empoignerent,
A certain arbre en leur cour l'attacherent,
Ayant le nez devers l'arbre tourné,
Le dos à l'air avec toute la suite,
Et cependant que la troupe maudite
Songe comment il sera guerdonné,
Que l'une va prendre dans les cuisines
Tous les balays, et que l'autre s'en court
A l'arsenal où sont les disciplines ;
Qu'une troisiesme enferme à double tour
Les Sœurs qui sont jeunes et pitoyables ;
Bref, que le sort, ami du marjeolet,
Ecarte ainsi toutes les détestables ,
Vient un meusnier monté sur son mulet,
Garçon quarré, garçon couru des filles,
Bon compagnon et beau joueur de quilles.
« Oh ! oh ! dit-il, qu'est-ce là que je voy ?
Le plaisant saint ! Jeune homme, je te prie,
Qui t'a mis là ? sont-ce ces sœurs, dis-moy:
Avec quelqu'une as-tu fait la folie ?
Te plaisoit-elle ? estoit-elle jolie ?
Car, à te voir, tu me portes, ma foy
(Plus je regarde et mire ta personne),
Tout le minois d'un vray croqueur de None. »
L'autre répond : « Helas ! c'est le rebours ;
Ces Nones m'ont en vain prié d'amours :
Voila mon mal. Dieu me doint patience !
Car de commettre une si grande offence,
J'en fais scrupule, et fust-ce pour le Roy,
Me donnast-on aussi gros d'or que moy. »
Le meusnier rit, et sans autre mystere
Vous le délie, et luy dit : « Idiot,

Scrupule, toy qui n'es qu'un pauvre haire !
C'est bien à nous qu'il appartient d'en faire !
Nostre Curé ne seroit pas si sot.
Viste fuy-t'en, m'ayant mis en ta place ;
Car aussi bien tu n'es pas comme moy
Franc du collier et bon pour cet employ :
Je n'y veux point de quartier ny de grace.
Viennent ces sœurs ; toutes, je te répon,
Verront beau jeu, si la corde se rompt. »
L'autre deux fois ne se le fait redire ;
Il vous l'attache et puis luy dit adieu.
Large d'épaule, on auroit veu le sire
Attendre nud les Nonains en ce lieu.
L'escadron vient, porte en guise de Cierges
Gaules et fouets : procession de verges
Qui fit la ronde à l'entour du Meusnier,
Sans luy donner le temps de se montrer,
Sans l'avertir. « Tout beau ! dit-il, mes Dames,
Vous vous trompez ; considerez-moy bien :
Je ne suys pas cet ennemi des femmes,
Ce scrupuleux qui ne vaut rien à rien.
Employez-moy: vous verrez des merveilles :
Si je dis faux, coupez-moy les oreilles.
D'un certain jeu je viendray bien à bout :
Mais quant au fouet, je n'y vaux rien du tout.
—Qu'entend ce rustre, et que nous veut-il dire ?
S'écria lors une de nos sans-dents :
Quoy ! tu n'es pas nostre faiseur d'enfans ?
Tant pis pour toy, tu payras pour le sire ;
Nous n'avons pas telles armes en main
Pour demeurer en un si beau chemin.
Tien, tien, voila l'ébat que l'on desire. »
A ce discours, fouëts de rentrer en jeu,
Verges d'aller, et non pas pour un peu ;
Meusnier de dire en langue intelligible,

Crainte de n'estre assez bien entendu :
« Mes Dames, je.... feray tout mon possible
Pour m'acquiter de ce qui vous est dû. »
Plus il leur tient des discours de la sorte,
Plus la fureur de l'antique cohorte
Se fait sentir. Long-temps il s'en souvint.
Pendant qu'on donne au Maistre l'anguillade,
Le mulet fait sur l'herbette gambade.
Ce qu'à la fin l'un et l'autre devint,
Je ne le sçais, ni ne m'en mets en peine :
Suffit d'avoir sauvé le jouvenceau.
Pendant un temps les lecteurs, pour douzaine
De ces Nonains au corps gent et si beau
N'auroient voulu, je gage, être en sa peau.

XIII. — LE CUVIER

Soiez Amant, vous serez inventif;
Tour ny détour, ruse ny stratageme
Ne vous faudront : le plus jeune apprentif
Est vieux routier dés le moment qu'il aime :
On ne vit onc que cette passion
Demeurast court faute d'invention ;
Amour fait tant qu'enfin il a son conte.
Certain Cuvier, dont on fait certain conte,
En fera foy. Voicy ce que j'en sçais,
Et qu'un quidam me dit ces jours passés.
Dedans un bourg ou ville de Province
(N'importe pas du titre ny du nom),
Un Tonnelier et sa femme Nanon
Entretenoient un mesnage assez mince.
De l'aller voir amour n'eut à mépris,

Y conduisant un de ses bons amis,
C'est Cocuage ; il fut de la partie :
Dieux familiers et sans ceremonie,
Se trouvans bien dans toute hostellerie :
Tout est pour eux bon giste et bon logis,
Sans regarder si c'est louvre ou cabane.
Un drosle donc caressoit Madame Anne :
Ils en estoient sur un poinct, sur un poinct...
C'est dire assez de ne le dire point ,
Lors que l'espoux revient tout hors d'haleine
Du cabaret ; justement, justement...
C'est dire encor ceci bien clairement.
On le maudit ; nos gens sont fort en peine.
Tout ce qu'on put fut de cacher l'amant :
On vous le serre en haste et promptement
Sous un cuvier, dans une cour prochaine.
Tout en entrant l'espoux dit : « J'ay vendu
Nostre Cuvier. — Combien ? dit Madame Anne.
— Quinze beaux francs. — Va, tu n'es qu'un gros
Repartit-elle, et je t'ay d'un escu   [asne,
Fait aujourd'huy profit par mon adresse,
L'ayant vendu six écus avant toy.
Le Marchand voit s'il est de bon alloy,
Et par dedans le taste piece à piece,
Examinant si tout est comme il faut,
Si quelque endroit n'a point quelque defaut.
Que ferois-tu, malheureux, sans ta femme ?
Monsieur s'en va chopiner, cependant
Qu'on se tourmente icy le corps et l'ame :
Il faut agir sans cesse en l'attendant.
Je n'ay gousté jusqu'icy nulle joye :
J'en gousteray desormais, atten-t'y.
Voyez un peu : le galand a bon foye ;
Je suis d'avis qu'on laisse à tel mary
Telle moitié ! — Doucement, nostre espouse,

Dit le bonhomme. Or sus, Monsieur, sortés :
Çà, que je racle un peu de tous costés
Vostre Cuvier, et puis que je l'arrouse ;
Par ce moyen vous verrez s'il tient eau :
Je vous réponds qu'il n'est moins bon que beau. »
Le galant sort ; l'époux entre en sa place,
Racle par tout, la chandelle à la main,
Deçà, delà, sans qu'il se doute brin
De ce qu'amour en dehors vous luy brasse :
Rien n'en put voir ; et pendant qu'il repasse
Sur chaque endroit, affublé du cuveau,
Les Dieux susdits luy viennent de nouveau
Rendre visite, imposant un ouvrage
A nos Amans bien different du sien.
Il regrata, grata, frota si bien,
Que nôtre couple, ayant repris courage,
Reprit aussi le fil de l'entretien
Qu'avoit troublé le galant personnage.
Dire comment le tout se put passer,
Amy Lecteur, tu dois m'en dispenser :
Suffit que j'ay tresbien prouvé ma these.
Ce tour fripon du couple augmentoit l'aise ;
Nul d'eux n'estoit à tels jeux aprentif.
Soyez Amant, vous serez inventif.

XIV. — LA CHOSE IMPOSSIBLE

Un demon, plus noir que malin,
Fit un charme si souverain
Pour l'amant de certaine belle,
Qu'à la fin celuy-cy posseda sa cruelle.
Le pact de nostre amant et de l'esprit folet,

Ce fut que le premier jouiroit à souhait
    De sa charmante inexorable.
« Je te la rends dans peu, dit Satan, favorable :
Mais par tel si, qu'au lieu qu'on obeit au Diable
    Quand il a fait ce plaisir là,
A tes commandemens le Diable obeira
    Sur l'heure mesme, et puis, sur la mesme heure,
Ton serviteur Lutin, sans plus longue demeure,
Ira te demander autre commandement
    Que tu luy feras promptement ;
    Toûjours ainsi, sans nul retardement :
    Sinon ny ton corps ny ton ame
    N'appartiendront plus à ta Dame ;
Ils seront à Satan, et Satan en fera
    Tout ce que bon lui semblera. »
    Le Galand s'accorde à cela.
    Commander estoit-ce un mystere ?
    Obeir est bien autre affaire.
    Sur ce penser là nostre Amant
S'en va trouver sa belle, en a contentement,
Gouste des voluptez qui n'ont point de pareilles,
Se trouve trés-heureux, hormis qu'incessamment
    Le Diable estoit à ses oreilles.
    Alors l'Amant lui commandoit
    Tout se qui lui venoit en teste ;
De bâtir des Palais, d'exciter la tempeste :
En moins d'un tour de main cela s'accomplissoit.
    Mainte pistolle se glissoit
    Dans l'escarcelle de nostre homme.
    Il envoioit le Diable à Rome :
Le Diable revenoit tout chargé de pardons.
    Aucuns voyages n'estoient longs,
    Aucune chose malaisée.
    L'Amant, à force de rêver
Sur les ordres nouveaux qu'il lui faloit trouver,

Vid bien-tost sa cervelle usée.
   Il s'en plaignit à sa divinité,
Lui dit de bout en bout toute la verité.
« Quoy ! ce n'est que cela ? lui repartit la Dame :
      Je vous auray bien-tost tiré
   Une telle épine de l'ame.
Quand le Diable viendra, vous lui presenterez
      Ce que je tiens, et lui direz :
Défrize-moi cecy, fais tant par tes journées
Qu'il devienne tout plat. « Lors elle lui donna
      Je ne sçais quoy qu'elle tira
Du verger de Cypris, labirinte des fées,
Ce qu'un Duc autrefois jugea si precieux,
Qu'il voulut l'honorer d'une Chevalerie,
      Illustre et noble confrairie,
      Moins pleine d'hommes que de Dieux.
L'Amant dit au Demon : « C'est ligne circulaire
Et courbe que ceci ; je t'ordonne d'en faire
      Ligne droite et sans nuls retours :
      Va t'en y travailler et cours. »
      L'esprit s'en va, n'a point de cesse
      Qu'il n'ait mis le fil sous la presse,
Tâché de l'aplatir à grands coups de marteau,
      Fait sejourner au fonds de l'eau,
Sans que la ligne fust d'un seul poinct étendue ;
      De quelque tour qu'il se servist,
Quelque secret qu'il eust, quelque charme qu'il fist,
      C'estoit temps et peine perdue :
      Il ne pût mettre à la raison
            La toison.
Elle se revoltoit contre le vent, la pluie,
La neige, le brouillard : plus Satan y touchoit,
      Moins l'annelure se laschoit.
« Qu'est ceci ? disoit-il ; je ne vis de ma vie
Chose de telle étoffe : il n'est point de lutin

Qui n'y perdist tout son latin. »
Messire Diable un beau matin
S'en va trouver son homme, et lui dit : « Je te laisse.
Aprens-moy seulement ce que c'est que cela :
    Je te le rens : tien, le voila.
    Je suis victus, je le confesse.
    — Nôtre ami Monsieur le luiton,
Dit l'homme, vous perdez un peu trop tost courage ;
Celuy-cy n'est pas seul, et plus d'un compagnon
    Vous auroit taillé de l'ouvrage. »

XV. — LE MAGNIFIQUE

Un peu d'esprit, beaucoup de bonne mine,
Et plus encor de liberalité,
C'est en amour une triple machine
Par qui maint fort est bien tost emporté,
Rocher fust-il ; rochers aussi se prennent.
Qu'on soit bien fait, qu'on ayt quelque talent,
Que les cordons de la bourse ne tiennent,
Je vous le dis, la place est au galant.
On la prend bien quelquefois sans ces choses.
Bon fait avoir neanmoins quelques doses
D'entendement, et n'estre pas un sot.
Quant à l'avare, on le hait ; le magot
A grand besoin de bonne retorique :
La meilleure est celle du liberal.
Un Florentin, nommé le Magnifique,
La possedoit en propre original.
Le Magnifique estoit un nom de guerre
Qu'on luy donna ; bien l'avoit merité :
Son train de vivre et son honnesteté,

Ses dons sur tout, l'avoient par toute terre
Déclaré tel ; propre, bien fait, bien mis,
L'esprit galant, et l'air des plus polis,
Il se piqua pour certaine fémelle
De haut estat. La conqueste estoit belle :
Elle excitoit doublement le désir ;
Rien n'y manquoit, la gloire et le plaisir.
Aldobrandin estoit de cette Dame
Bail et mary : pourquoy bail ? ce mot là
Ne me plaist point ; c'est mal dit que cela ;
Car un mary ne baille point sa femme.
Aldobrandin la sienne ne bailloit,
Trop bien cét homme à la garder veilloit
De tous ses yeux ; s'il en eust eu dix mille,
Il les eust tous à ce soin occupez :
Amour le rend, quand il veut, inutile ;
Ces Argus là sont fort souvent trompez.
Aldobrandin ne croioit pas possible
Qu'il le fust onc ; il défioit les gens.
Au demeurant il estoit fort sensible
A l'interest, aymoit fort les presens.
Son concurrent n'avoit encor sceu dire
Le moindre mot à l'objet de ses vœux :
On ignoroit, ce luy sembloit, ses feux,
Et le surplus de l'amoureux martyre
(Car c'est toûjours une mesme chanson).
Si l'on l'eust sceu, qu'eust-on fait ? Que fait-on ?
Jà n'est besoin qu'au lecteur je le die.
Pour revenir à nostre pauvre amant,
Il n'avoit sceu dire un mot seulement
Au medecin touchant sa maladie.
Or le voila qui tourmente sa vie,
Qui va, qui vient, qui court, qui perd ses pas :
Point de fenestre et point de jalousie
Ne luy permet d'entrevoir les appas

Ny d'entrouïr la voix de sa maîtresse.
Il ne fut onc semblable forteresse.
Si faudra-t-il qu'elle y vienne pourtant.
Voicy comment s'y prit nostre assiegeant.
Je pense avoir des-ja dit, ce me semble,
Qu'Aldobrandin homme à presens étoit ;
Non qu'il en fist, mais il en recevoit.
Le Magnifique avoit un cheval d'amble,
Beau, bien taillé, dont il faisoit grand cas :
Il l'appelloit, à cause de son pas,
La haquenée. Aldobrandin le loue :
Ce fut assez ; nôtre amant proposa
De le troquer. L'epoux s'en excusa :
« Non pas, dit-il, que je ne vous avoue
Qu'il me plaît fort ; mais à de tels marchés
Je perds toûjours.» Alors le Magnifique,
Qui void le but de cette politique,
Reprit : « Eh bien ! faisons mieux : ne troquez ;
Mais, pour le prix du cheval, permettez
Que, vous présent, j'entretienne Madame :
C'est un désir curieux qui m'a pris.
Encor faut-il que vos meilleurs amis
Sçachent un peu ce qu'elle a dedans l'ame.
Je vous demande un quart d'heure sans plus.»
Aldobrandin l'arrestant là-dessus :
« J'en suis d'avis ! je livreray ma femme !
Ma foy, mon cher, gardez vôtre Cheval !
— Quoy ! vous présent ?... — Moy présent. — Et
Encor un coup, peut-il, en la présence [quel mal
D'un mary fin comme vous, arriver ?»
Aldobrandin commence d'y resver ;
Et raisonnant en soy : « Quelle apparence
Qu'il en mêvienne, en effet, moy présent ?
C'est marché seur; il est fol ; à son dam!
Que prétend-il ? pour plus grande assurance,

Sans qu'il le sçache, il faut faire défense
A ma moitié de répondre au galant.
Sus, dit l'Epoux, j'y consens. — La distance
De vous à nous, poursuivit nostre Amant,
Sera reiglée, afin qu'aucunement
Vous n'entendiez. » Il y consent encore,
Puis va querir sa femme en ce moment.
Quand l'autre void celle là qu'il adore,
Il se croit estre en un enchantement.
Les saluts faits, en un coin de la sale
Ils se vont seoir. Nôtre galant n'étale
Un long narré, mais vient d'abord au fait.
« Je n'ay le lieu ny le temps à souhait,
Commença-t-il ; puis je tiens inutile
De tant tourner ; il n'est que d'aller droit.
Partant, Madame, en un mot comme en mille,
Vostre beauté jusqu'au vif m'a touché.
Penseriez vous que ce fust un peché
Que d'y répondre ? Ah ! je vous crois, Madame,
De trop bon sens. Si j'avois le loisir,
Je ferois voir par les formes ma flame,
Et vous dirois de cet ardant désir
Tout le menu ; mais que je brusle, meure,
Et m'en tourmente, et me dise aux abois,
Tout ce chemin que l'on fait en six mois,
Il me convient le faire en un quart d'heure,
Et plus encor, car ce n'est pas là tout :
Froid est l'Amant qui ne va jusqu'au bout,
Et par sotise en si beau train demeure.
Vous vous taisez ? pas un mot ! Qu'est-ce là ?
Renvoyrez-vous de la sorte un pauvre homme
Le Ciel vous fit, il est vray, ce qu'on nomme
Divinité ; mais faut-il pour cela
Ne point répondre alors que l'on vous prie ?
Je vois ; je vois : c'est une tricherie

De vôtre Epoux : il m'a joué ce trait,
Et ne prétend qu'aucune repartie
Soit du marché ; mais j'y sçais un secret ;
Rien n'y fera, pour le seur, sa défence.
Je sçauray bien me répondre pour vous :
Puis ce coin d'œil, par son langage doux,
Rompt, à mon sens, quelque peu le silence :
J'y lis cecy : Ne croyez pas, Monsieur,
Que la Nature ait composé mon cœur
De marbre dur. Vos fréquentes passades,
Jouxtes, tournois, devises, serenades,
M'ont avant vous declaré vôtre amour.
Bien loin qu'il m'ait en nul poinct offensée,
Je vous diray que dés le premier jour
J'y répondis, et me sentis blessée
Du mesme trait. Mais que nous sert cecy ?...
Ce qu'il nous sert ? je m'en vais vous le dire :
Estant d'accord, il faut cette nuit cy
Goûter le fruit de ce commun martyre,
De vôtre epoux nous vanger et nous rire,
Bref, le payer du soin qu'il prend icy :
De ces fruits là le dernier n'est le pire.
Vôtre jardin viendra comme de cire :
Descendez-y ; ne doutez du succés.
Vôtre mary ne se tiendra jamais
Qu'à sa maison des champs, je vous l'assure,
Tantost il n'aille éprouver sa monture.
Vos douagnas en leur premier sommeil,
Vous descendrez sans nul autre appareil
Que de jetter une robe fourrée
Sur vostre dos, et viendrez au jardin.
De mon costé, l'êchelle est préparée ;
Je monteray par la cour du voisin :
Je l'ay gagné ; la rue est trop publique.
Ne craignez rien.... Ah ! mon cher Magnifique,

Que je vous ayme, et que je vous sçais gré
De ce dessein ! Venez, je descendray....
C'est vous qui parle ; et plust au Ciel, Madame,
Qu'on vous osast embrasser les genoux !...
Mon Magnifique, à tantost ; vôtre flame
Ne craindra point les regards d'un jaloux. »
L'Amant la quite, et feint d'estre en couroux ;
Puis, tout grondant: « Vous me la donnez bonne,
Aldobrandin ! je n'entendois cela.
Autant vaudroit n'estre avecque personne
Que d'estre avec Madame que voila.
Si vous trouvez chevaux à ce prix là,
Vous les devez prendre, sur ma parole.
Le mien hannit du moins ; mais cette idole
Est proprement un fort joly poisson.
Or sus, j'en tiens ; ce m'est une leçon.
Quiconque veut le reste du quart d'heure
N'a qu'à parler ; j'en feray juste prix. »
Aldobrandin rit si fort, qu'il en pleure.
« Ces jeunes gens, dit-il, en leurs esprits
Mettent toûjours quelque haute entreprise.
Nostre féal, vous laschez trop tost prise ;
Avec le temps on en viendroit à bout.
J'y tiendray l'œil ; car ce n'est pas là tout :
Nous y sçavons encor quelque rubrique ;
Et cependant, Monsieur le Magnifique,
La haquenée est nettement à nous ;
Plus ne fera de dépense chez vous.
Des-aujourd'huy, qu'il ne vous en déplaise,
Vous me verrez dessus fort à mon aise
Dans le chemin de ma maison des champs. »
Il n'y manqua, sur le soir ; et nos gens
Au rendez-vous tout aussi peu manquerent.
Dire comment les choses s'y passerent,
C'est un détail trop long ; lecteur prudent,

Je m'en remets à ton bon jugement :
La Dame estoit jeune, fringante et belle,
L'Amant bien fait, et tous deux fort épris.
Trois rendez-vous coup sur coup furent pris ;
Moins n'en valoit si gentille femelle.
Aucun peril, nul mauvais accident.
Bons dormitifs en or comme en argent
Aux douagnas, et bonne sentinelle.
Un pavillon vers le bout du jardin
Vint à propos : Messire Aldobrandin
Ne l'avoit fait bâtir pour cet usage.
Conclusion, qu'il prit en cocuage
Tous ses degrez ; un seul ne luy manqua,
Tant sceut jouer son jeu la haquenée !
Contant ne fut d'une seule journée
Pour l'éprouver ; aux champs il demeura
Trois jours entiers, sans doute ny scrupule.
J'en connois bien qui ne sont si chanceux ;
Car ils ont femme, et n'ont cheval ny mule,
Sçachant de plus tout ce qu'on fait chez eux.

XVI. — LE TABLEAU

On m'engage à conter d'une maniere honneste
Le sujet d'un de çes tableaux
Sur lesquels on met des rideaux ;
Il me faut tirer de ma teste
Nombre de traits nouveaux, piquans et délicats,
Qui disent et ne disent pas,
Et qui soient entendus sans notes
Des Agnès mesme les plus sottes.
Ce n'est pas coucher gros ; ces extremes Agnés

Sont oiseaux qu'on ne vit jamais.

Toute matrône sage, à ce que dit Catule,
Regarde volontiers le gigantesque don
Fait au fruit de Vénus par la main de Junon ;
A ce plaisant objet si quelqu'une recule,
    Cette quelqu'une dissimule.
Ce principe posé, pourquoy plus de scrupule,
Pourquoy moins de licence aux oreilles qu'aux yeux ?
Puisqu'on le veut ainsi, je feray de mon mieux :
Nuls traits à découvert n'auront icy de place ;
Tout y sera voilé, mais de gaze, et si bien,
    Que je crois qu'on n'en perdra rien.
Qui pense finement et s'exprime avec grace
    Fait tout passer; car tout passe,
    Je l'ay cent fois éprouvé :
    Quand le mot est bien trouvé,
Le sexe, en sa faveur, à la chose pardonne :
Ce n'est plus elle alors, c'est elle encor pourtant ;
    Vous ne faites rougir personne,
    Et tout le monde vous entend.
J'ay besoin aujourd'huy de cet art important.
Pourquoy, me dira-t-on, puisque sur ces merveilles
Le sexe porte l'œil sans toutes ces façons ?
Je réponds à cela : Chastes sont ses oreilles,
    Encor que les yeux soient fripons.
Je veux, quoy qu'il en soit, expliquer à des belles
Cette chaise rompue, et ce rustre tombé.
Muses, venez m'ayder ; mais vous estes pucelles,
Au joly jeu d'amour ne sçachant A ny B;
Muses, ne bougez donc; seulement par bonté
Dites au Dieu des vers que dans mon entreprise
    Il est bon qu'il me favorise,
    Et de mes mots fasse le choix,
    Ou je diray quelque sotise

Qui me fera donner du busque sur les doigts.
C'est assez raisonner ; venons à la peinture :
    Elle contient une avanture
    Arrivée au pays d'Amours.
    Jadis la ville de Citere
    Avoit en l'un de ses faux-bourgs
        Un Monastere ;
    Venus en fit un séminaire.
Il estoit de Nonains, et je puis dire ainsi
    Qu'il estoit de galans aussi.
    En ce lieu hantoient d'ordinaire
Gens de Cour, Gens de Ville, et Sacrificateurs,
        Et Docteurs,
Et Bacheliers sur tout. Un de ce dernier ordre
Passoit dans la maison pour estre des Amis.
Propre, toûjours razé, bien-disant, et beau-fils,
Sur son chapeau luisant, sur son rabat bien mis,
    La médisance n'eust sceu mordre.
    Ce qu'il avoit de plus charmant,
C'est que deux des Nonains alternativement
    En tiroient maint et maint service.
L'une n'avoit quité les atours de Novice
Que depuis quelques mois ; l'autre encor les portoit.
    La moins jeune à peine contoit
    Un an entier par dessus seize,
    Age propre à soutenir these,
    These d'amour : le Bachelier
    Leur avoit rendu familier
    Chaque poinct de cette science,
    Et le tout par experience.

Une assignation pleine d'impatience
Fut un jour par les sœurs donnée à cet Amant ;
Et, pour rendre complet le divertissement,
Bacchus avec Cérès, de qui la compagnie

Met Venus en train bien souvent,
Devoient estre ce coup de la cérémonie.
Propreté toucha seul aux apprets du régal ;
Elle sceut s'en tirer avec beaucoup de grace :
Tout passa par ses mains, et le vin et la glace,
 Et les caraffes de cristal ;
On s'y seroit miré. Flore à l'haleine d'ambre
 Sema de fleurs toute la chambre ;
Elle en fit un jardin. Sur le linge, ces fleurs
Formoient des las d'amour et le chifre des sœurs.
 Leurs cloistrieres Excellences
 Aimoient fort ces magnificences :
C'est un plaisir de None. Au reste, leur beauté
Aiguisoit l'appetit aussi de son costé.
 Mille secrettes circonstances
 De leurs corps polis et charmans
 Augmentoient l'ardeur des Amans.
 Leur taille estoit presque semblable ;
Blancheur, delicatesse, embonpoint raisonnable,
Fermeté, tout charmoit, tout estoit fait au tour.
 En mille endroits nichoit l'amour :
Sous une guimpe, un voile, et sous un scapulaire,
Sous ceci, sous cela que voit peu l'œil du jour,
Si celuy du galant ne l'appelle au mistere.
 A ces sœurs l'enfant de Cytere
 Mille fois le jour s'en venoit
 Les bras ouverts, et les prenoit
 L'une après l'autre pour sa mère.

Tel ce couple attendoit le bachelier trop lent ;
 Et de luy, tout en l'attendant,
Elles disoient du mal, puis du bien ; puis les belles
 Imputoient son retardement
 A quelques amitiez nouvelles.
« Qui peut le retenir ? disoit l'une ; est-ce Amour ?

Est-ce affaire ? est-ce maladie ?
—Qu'il y revienne de sa vie !
Disoit l'autre ; il aura son tour.»
Tandis qu'elles cherchoient là dessous du mystere,.
Passe un Mazet portant à la dépositaire
Certain fardeau peu necessaire :
Ce n'estoit qu'un prétexte, et, selon qu'on m'a dit,
Cette dépositaire, ayant grand appetit,
Faisoit sa portion des talens de ce Rustre,
Tenu, dans tels repas, pour un traiteur illustre.
Le coquin, lourd d'ailleurs, et de trés court esprit,.
À la cellule se méprit ;
Il alla chez les attendantes
Fraper avec ses mains pesantes.
On ouvre, on est surpris, on le maudit d'abord,
Puis on void que c'est un tresor.
Les Nonains s'éclatent de rire.
Toutes deux commencent à dire,
Comme si toutes deux s'étoient donné le mot :
« Servons nous de ce maistre sot ;
Il vaut bien l'autre ; que t'en semble ? »
La Professe ajoûta : « C'est trés bien avisé.
Qu'atendions-nous ici ? Qu'il nous fût debité
De beaux discours ? Non, non, ny rien qui leur res-
Ce pitaut doit valoir, pour le poinct souhaité,[semble.
Bachelier et Docteur ensemble.»
Elle en jugeoit trés-bien : la taille du garçon,
Sa simplicité, sa façon,
Et le peu d'interest qu'en tout il sembloit prendre,.
Faisoient de luy beaucoup attendre.
C'estoit l'homme d'Ésope ; il ne songeoit à rien,
Mais il buvoit et mangeoit bien,
Et, si Xantus l'eust laissé faire,
Il auroit poussé loin l'affaire.
Ainsi, bientost apprivoisé,.

Il se trouva tout disposé
Pour executer sans remise
Les ordres des Nonains, les servant à leur guise
Dans son office de Mazet,
Dont il luy fut donné par les sœurs un brévet.

Icy la peinture commence :
Nous voilà parvenus au poinct.
Dieu des vers, ne me quite point :
J'ay recours à ton assistance.
Dy moy pourquoy ce Rustre assis,
Sans peine de sa part, et trés-fort à son aise,
Laisse le soin de tout aux amoureux soucis
De sœur Claude et de sœur Terese.
N'auroit-il pas mieux fait de leur donner la chaise ?
Il me semble des-ja que je vois Apollon
Qui me dit : Tout beau ! ces matieres
À fonds ne s'examinent gueres.
J'entends ; et l'Amour est un étrange garçon ;
J'ay tort d'eriger un fripon
En Maistre de ceremonies.
Dès qu'il entre en une maison,
Regles et loix en sont bannies ;
Sa fantaisie est sa raison.
Le voila qui rompt tout : c'est assez sa coûtume :
Ses jeux sont violens. A terre on vid bien tost
Le galand Catedral. Ou soit par le défaut
De la chaise un peu foible, ou soit que du pitaud
Le corps ne fust pas fait de plume,
Ou soit que sœur Terese eust chargé d'action
Son discours véhément et plein d'émotion,
On entendit craquer l'amoureuse tribune :
Le Rustre tombe à terre en cette occasion.
Ce premier poinct eut par fortune
Malheureuse conclusion.

Censeurs, n'aprochez point d'icy vostre œil prophane ;
Vous, gens de bien, voyez comme sœur Claude mit
      Un tel incident à profit.
Terese en ce malheur perdit la tramontane :
Claude la débusqua, s'emparant du timon.
      Terese, pire qu'un demon,
Tasche à la retirer, et se remettre au trosne ;
      Mais celle-cy n'est pas personne
      A ceder un poste si doux.
      Sœur Claude, prenez garde à vous ;
      Terese en veut venir aux coups :
Elle a le poing levé. Qu'elle ayt! C'est bien répondre :
Quiconque est occupé comme vous ne sent rien.
Je ne m'étonne pas que vous sçachiez confondre
      Un petit mal dans un grand bien.
      Malgré la colere marquée
      Sur le front de la débusquée,
Claude suit son chemin, le Rustre aussi le sien.
      Terese est mal contante et gronde.
Les plaisirs de Venus sont sources de debats ;
      Leur fureur n'a point de seconde :
      J'en prens à tesmoin les combats
      Qu'on vid sur la terre et sur l'onde,
      Lorsque Paris à Menelas
      Osta la merveille du monde.
Qu'un Pitaut faisant naistre un aussi grand procés
Tinst icy lieu d'Helene, une foy sans excés
Le peut croire, et fort bien ; troublez None en sa joye,
      Vous verrez la guerre de Troye.
      Quoy que Bellone ayt part icy,
      J'y vois peu de corps de cuirasse ;
      Dame Venus se couvre ainsi
Quand elle entre en champ clos avec le Dieu de
      Cette armure a beaucoup de grace.   [Trace.
Belles, vous m'entendez ; je n'en diray pas plus :

L'habit de guerre de Venus
Est plein de choses admirables !
Les Ciclopes aux membres nus
Forgent peu de harnois qui lui soient comparables ;
Celuy du preux Achille auroit esté plus beau,
Si Vulcan eust dessus gravé nostre tableau.
Or ay-je des Nonains mis en vers l'avanture,
Mais non avec des traits dignes de l'action ;
Et comme celle-cy déchet dans la peinture,
La peinture déchet dans ma description.
Les mots et les couleurs ne sont choses pareilles ;
Ny les yeux ne sont les oreilles.

J'ay laissé long-temps au filet
Sœur Terese la détrônée :
Elle eut son tour ; nostre Mazet
Partagea si bien sa journée
Que chacun fut content. L'histoire finit là ;
Du festin pas un mot. Je veux croire, et pour cause,
Que l'on but et que l'on mangea ;
Ce fut l'intermede et la pose.
Enfin tout alla bien, horsmis qu'en bonne foy
L'heure du rendez-vous m'enbarasse. Et pourquoy ?
Si l'Amant ne vint pas, sœur Claude et sœur Terese
Eurent à tout le moins dequoy se consoler ;
S'il vint, on sceut cacher le lourdaut et la chaise ;
L'Amant trouva bien tost encor à qui parler.

CINQUIESME PARTIE

I. — LA CLOCHETTE

CONTE.

O combien l'homme est inconstant, divers,
Foible, leger, tenant mal sa parole !
J'avois juré hautement en mes vers,
De renoncer à tout conte frivole :
Et quand juré ? c'est ce qui me confond ;
Depuis deux jours j'ay fait cette promesse.
Puis fiez-vous à Rimeur qui répond
D'un seul moment ! Dieu ne fit la sagesse
Pour les cerveaux qui hantent les neuf Sœurs
Trop bien ont-ils quelque art qui vous peut plaire,
Quelque jargon plein d'assez de douceurs ;
Mais d'être sûrs, ce n'est là leur affaire.
Si me faut-il trouver, n'en fût-il point,
Temperament pour accorder ce poinct ;
Et, supposé que quant à la matiere
J'eusse failly, du moins pourrois-je pas
Le reparer, par la forme, en tout cas ?
Voyons cecy. Vous saurez que naguere
Dans la Touraine un jeune Bachelier...
(Interpretez ce mot à votre guise :

L'usage en fut autrefois familier
Pour dire ceux qui n'ont la barbe grise ;
Ores ce sont supposts de sainte Eglise.)
Le nôtre soit sans plus un jouvenceau
Qui dans les prez, sur le bord d'un ruisseau,
Vous cajoloit la jeune bàchelette
Aux blanches dents, aux pieds nus, au corps gent,
Pendant qu'Io, portant une clochette,
Aux environs alloit l'herbe mangeant.
Nôtre galand vous lorgne une fillette,
De celles-là que je viens d'exprimer.
Le malheur fut qu'elle étoit trop jeunette,
Et d'âge encore incapable d'aimer.
Non qu'à treize ans on y soit inhabile ;
Même les loix ont avancé ce temps :
Les loix songeoient aux personnes de ville,
Bien que l'amour semble né pour les champs.
Le Bachelier déploya sa science.
Ce fut en vain ; le peu d'experience,
L'humeur farouche, ou bien l'aversion,
Ou tous les trois, firent que la bergere,
Pour qui l'amour étoit langue étrangere,
Répondit mal à tant de passion.
Que fit l'amant ? Croyant tout artifice
Libre en amours, sur le rez de la nuit
Le compagnon détourne une genisse
De ce bétail par la fille conduit.
Le demeurant, non conté par la belle
(Jeunesse n'a les soins qui sont requis),
Prit aussi-tôt le chemin du logis.
Sa mere, étant moins oublieuse qu'elle,
Vid qu'il manquoit une piéce au Troupeau.
Dieu sçait la vie ! elle tance Isabeau,
Vous la renvoye, et la jeune pucelle
S'en va pleurant, et demande aux échos

Si pas un d'eux ne sçait nulle nouvelle
De celle-là, dont le drôle à propos
Avoit d'abord étoupé la clochette :
Puis il la prit, et, la faisant sonner
Il se fit suivre, et tant que la fillette
Au fonds d'un bois se laissa détourner.
Jugez, Lecteur, quelle fut sa surprise
Quand elle oüit la voix de son amant.
« Belle, dit-il, toute chose est permise
Pour se tirer de l'amoureux tourment. »
A ce discours, la fille toute en transe
Remplit de cris ces lieux peu frequentez
Nul n'accourut. O belles ! évitez
Le fonds des bois et leur vaste silence.

II. — LE FLEUVE SCAMANDRE

CONTE.

ME voila prest à conter de plus belle ;
Amour le veut, et rit de mon serment :
Hommes et Dieux, tout est sous sa tutelle,
Tout obeït, tout cede à cet enfant.
J'ay desormais besoin, en le chantant,
De traits moins forts et déguisans la chose ;
Car, aprés tout, je ne veux être cause
D'aucun abus ; que plûtôt mes écrits
Manquent de sel et ne soient d'aucun prix !
Si dans ces vers j'introduis et je chante
Certain trompeur et certaine innocente,
C'est dans la veue et dans l'intention

Qu'on se mefie en telle occasion.
J'ouvre l'esprit, et rends le sexe habile
A se garder de ces pieges divers.
Sotte ignorance en fait trebucher mille,
Contre une seule à qui nuiroient mes vers.

J'ai lû qu'un Orateur estimé dans la Grece,
Des beaux Arts autrefois souveraine Maîtresse,
Banni de son pays, voulut voir le séjour
Où subsistoient encor les ruines de Troye ;
Cimon, son camarade, eut sa part de la joye.
Du débris d'Ilion s'étoit construit un bourg
Noble par ses malheurs,: là Priam et sa Cour [proye
N'étoient plus que des noms dont le Temps fait sa
Ilion, ton nom seul a des charmes pour moy ;
Lieu fécond en sujets propres à nôtre employ,
Ne verray-je jamaïs rien de toy, ny la place
De ces murs élevez et détruits par des Dieux,
Ny ces champs où couroient la fureur et l'audace,
Ny des temps fabuleux enfin la moindre trace
Qui pût me presenter l'image de ces lieux ?
Pour revenir au fait, et ne point trop m'étendre,
        Cimon, le Heros de ces vers,
        Se promenoit prés du Scamandre.
Une jeune ingenue en ce lieu se vient rendre,
Et goûter la fraîcheur sur ces bords toûjours verts.
Son voile au gré des vens va flotant dans les airs ;
Sa parure est sans art ; elle a l'air de bergere,
Une beauté naïve, une taille legere.
Cimon en est surpris, et croit que sur ces bords
Venus vient étaler ses plus rares trésors.
Un antre étoit auprés. : l'innocente pucelle
Sans soupçon y descend, aussi simple que belle.
Le chaud, la solitude, et quelque Dieu malin,
L'inviterent d'abord à prendre un demi bain.

Nôtre banni se cache ; il contemple, il admire ;
    Il ne sçait quels charmes élire ;
Il dévore des yeux et du cœur cent beautez.
Comme on étoit remply de ces Divinitez
    Que la Fable a dans son Empire,
Il songe à profiter de l'erreur de ces temps,
Prend l'air d'un Dieu des eaux, mouille ses vétemens,
Se couronne de joncs et d'herbe degoutante,
Puis invoque Mercure et le Dieu des Amans.
Contre tant de trompeurs qu'eût fait une innocente?
La belle enfin découvre un pied dont la blancheur
    Auroit fait honte à Galatée,
    Puis le plonge en l'onde argentée,
Et regarde ses lys, non sans quelque pudeur.
Pendant qu'à cet objet sa veue est arrétée,
Cimon aproche d'elle ; elle court se cacher
    Dans le plus profond du rocher.
« Je suis, dit-il, le Dieu qui commande à cette onde ;
Soyez-en la Déesse, et regnez avec moy :
Peu de Fleuves pourroient dans leur grotte profonde
Partager avec vous un aussi digne employ.
Mon cristal est trés-pur ; mon cœur l'est davantage :
Je couvriray pour vous de fleurs tout ce rivage :
Trop heureux si vos pas le daignent honorer,
Et qu'au fonds de mes eaux vous daigniez vous mirer !
    Je rendray toutes vos Compagnes
    Nymphes aussi, soit aux montagnes,
Soit aux eaux, soit aux bois ; car j'étends mon pouvoir
Sur tout ce que vôtre œil à la ronde peut voir. »
L'éloquence du Dieu, la peur de luy déplaire,
Malgré quelque pudeur qui gâtoit le mystere,
    Conclurent tout en peu de temps.
La superstition cause mille accidents.
On dit même qu'Amour intervint à l'affaire.
Tout fier de ce succès, le Banni dit adieu.

« Revenez, dit-il, en ce lieu :
Vous garderez que l'on ne sçache
Un hymen qu'il faut que je cache :
Nous le declarerons quand j'en auray parlé
Au conseil qui sera dans l'Olimpe assemblé. »
La nouvelle Déesse à ces mots se retire ;
Contente ? Amour le sçait. Un mois se passe et deux,
Sans que pas un du bourg s'apperceût de leurs jeux.
O mortels ! est-il dit qu'à force d'être heureux
Vous ne le soyez plus ! Le Banni, sans rien dire,
Ne va plus visiter cet antre si souvent.
　　　Une nopce enfin arrivant,
Tous, pour la voir passer, sous l'orme se vont rendre.
La Belle apperçoit l'homme, et crie en ce moment :
　　　« Ah ! voila le fleuve Scamandre ! »
On s'étonne, on la presse ; elle dit bonnement
Que son hymen se va conclure au Firmament.
On en rit ; car que faire ? Aucuns à coups de pierre
Poursuivirent le Dieu, qui s'enfuit à grand' erre ;
D'autres rirent sans plus. Je croy qu'en ce temps-cy
L'on feroit au Scamandre un trés-méchant party.
　　　En ce temps-là semblables crimes
S'excusoient aisément : tous temps, toutes maximes.
L'épouse du Scamandre en fut quitte à la fin
　　　Pour quelques traits de raillerie :
Même un de ses amans la trouva plus jolie.
C'est un goust : il s'offrit à luy donner la main.
Les Dieux ne gâtent rien : puis, quand ils seroient
Qu'une fille en valût un peu moins, dotez-la, [cause
　　　Vous trouverez qui la prendra :
　　　L'argent repare toute chose.

III.—LA CONFIDENTE SANS LE SÇAVOIR

OU LE STRATAGÊME

Conte.

Je ne connois Rhéteur ny Maître és Arts
Tel que l'Amour; il excelle en bien dire;
Ses argumens, ce sont de doux regards,
De tendres pleurs, un gracieux sourire.
La guerre aussi s'exerce en son Empire :
Tantôt il met aux champs ses étendars;
Tantôt, couvrant sa marche et ses finesses,
Il prend des cœurs entourez de ramparts.
Je le soûtiens : posez deux forteresses;
Qu'il en batte une, une autre le Dieu Mars :
Que celuy-cy fasse agir tout un monde,
Qu'il soit armé, qu'il ne luy manque rien;
Devant son fort je veux qu'il se morfonde :
Amour tout nud fera rendre le sien.
C'est l'inventeur des tours et stratagêmes.
J'en vais dire un de mes plus favoris :
J'en ay bien lû, j'en vois pratiquer mêmes,
Et d'assez bons, qui ne sont rien au prix.

La jeune Aminte, à Geronte donnée,
Meritoit mieux qu'un si triste hymenée;
Elle avoit pris en cet homme un époux
Malgracieux, incommode et jaloux.
Il étoit vieux; elle, à peine en cet âge
Où quand un cœur n'a point encore aymé,
D'un doux objet il est bien-tôt charmé.

L. F. CONTES. II.   7

Celuy d'Aminte ayant sur son passage
Trouvé Cleon, beau, bien fait, jeune et sage,
Il s'acquita de ce premier tribut,
Trop bien peut-être, et mieux qu'il ne falut :
Non toutefois que la belle n'oppose
Devoir et tout dans ce doux sentiment ;
Mais lors qu'Amour prend le fatal moment,
Devoir et tout, et rien, c'est même chose.
Le but d'Aminte en cette passion
Estoit, sans plus, la consolation
D'un entretien sans crime, où la pauvrette
Versât ses soins en une ame discrette.
Je croirois bien qu'ainsi l'on le prétend ;
Mais l'appetit vient toûjours en mangeant :
Le plus seur est ne se point mettre à table.
Aminte croit rendre Cleon traitable :
Pauvre ignorante ! elle songe au moyen
De l'engager à ce simple entretien,
De luy laisser entrevoir quelque estime,
Quelque amitié, quelque chose de plus,
Sans y mêler rien que de legitime :
Plûtôt la mort empêchât tel abus !
Le poinct étoit d'entamer cette affaire.
Les lettres sont un étrange mystere :
Il en provient maint et maint accident ;
Le meilleur est quelque seur confident.
Où le trouver ? Geronte est homme à craindre.
J'ay dit tantôt qu'Amour sçavoit atteindre
A ses desseins d'une ou d'autre façon ;
Cecy me sert de preuve et de leçon.
Cleon avoit une vieille parente,
Severe et prude, et qui s'attribuoit
Autorité sur luy de gouvernante.
Madame Alis (ainsi l'on l'appelloit)
Par un beau jour eut de la jeune Aminte

Ce compliment, ou plûtôt cette plainte :
« Je ne sçais pas pourquoy vôtre parent,
Qui m'est et fut toûjours indifferent,
Et le sera tout le temps de ma vie,
A de m'aymer conceu la fantaisie.
Sous ma fenêtre il passe incessamment ;
Je ne sçaurois faire un pas seulement
Que je ne l'aye aussi-tôt à mes trousses ;
Lettres, billets pleins de paroles douces,
Me sont donnez par une dont le nom.
Vous est connu : je le tais, pour raison.
Faites cesser, pour Dieu ! cette poursuite ;
Elle n'aura qu'une mauvaise suite :
Mon mari peut prendre feu là-dessus.
Quant à Cleon, ses pas sont superflus :
Dites le luy de ma part, je vous prie. »
Madame Alis la loue, et luy promet
De voir Cleon, de luy parler si net
Que de l'aymer il n'aura plus d'envie.
Cleon va voir Alis le lendemain :
Elle luy parle, et le pauvre homme nie
Avec sermens qu'il eût un tel dessein.
Madame Alis l'appelle enfant du diable.
« Tout vilain cas, dit-elle, est reniable ;
Ces sermens vains et peu dignes de foy
Meriteroient qu'on vous fist vôtre sausse.
Laissons cela : la chose est vraye ou fausse ;
Mais, fausse ou vraye, il faut, et croyez-moy,
Vous mettre bien dans la tête qu'Aminte
Est femme sage, honnête et hors d'atteinte :
Renoncez-y. — Je le puis aisément,
Reprit Cleon. » Puis, au même moment,
Il va chez luy songer à cette afaire :
Rien ne luy peut débrouiller le mystere.
Trois jours n'étoient passez entierement

Que revoicy chez Alis nôtre Belle.
« Vous n'avez pas, Madame, luy dit-elle,
Encore veu, je pense, nôtre Amant ;
De plus en plus sa poursuite s'augmente. »
Madame Alis s'emporte, se tourmente :
« Quel malheureux ! » Puis, l'autre la quittant,
Elle le mande. Il vient tout à l'instant.
Dire en quels mots Alis fit sa harangue,
Il me faudroit une langue de fer ;
Et, quand de fer j'aurois même la langue,
Je n'y pourrois parvenir : tout l'enfer
Fut employé dans cette reprimande.
« Allez, satan ; allez, vray Lucifer,
Maudit de Dieu ! » La fureur fut si grande,
Que le pauvre homme, étourdi dés l'abord,
Ne sceut que dire ; avouer qu'il eût tort,
C'étoit trahir par trop sa conscience.
Il s'en retourne, il rumine, il repense,
Il rêve tant, qu'enfin il dit en soy :
« Si c'étoit là quelque ruse d'Aminte !
Je trouve, helas ! mon devoir dans sa plainte.
Elle me dit : O Cleon ! aime-moy,
Ayme-moy donc, en disant que je l'ayme.
Je l'ayme aussi, tant pour son stratagême
Que pour ses traits. J'avoue en bonne foy
Que mon esprit d'abord n'y voyoit goute ;
Mais à present je ne fais aucun doute ;
Aminte veut mon cœur assurément.
Ah ! si j'osois, dés ce même moment
Je l'irois voir, et, plein de confiance,
Je luy dirois quelle est la violence,
Quel est le feu dont je me sens épris.
Pourquoy n'oser ? offense pour offense,
L'amour vaut mieux encor que le mépris.
Mais si l'époux m'attrapoit au logis !....

Laissons-la faire, et laissons-nous conduire. »
Trois autres jours n'étoient passez encor,
Qu'Aminte va chez Alis, pour instruire
Son cher Cleon du bon-heur de son sort.
« Il faut, dit-elle, enfin que je deserte ;
Vôtre parent a résolu ma perte ;
Il me prétend avoir par des presens :
Moy, des presens ! c'est bien choisir sa femme !
Tenez, voila rubis et diamans ;
Voila bien pis ; c'est mon portrait, Madame :
Assurément de memoire on l'a fait,
Car mon Epoux a tout seul mon portrait.
A mon lever, cette personne honnête
Que vous sçavez, et dont je tais le nom,
S'en est venue, et m'a laissé ce don.
Vôtre parent merite qu'à la tête
On le luy jette, et s'il étoit icy...
Je ne me sens presque pas de colere.
Oyez le reste : il m'a fait dire aussi
Qu'il sçait fort bien qu'aujourd'huy pour affaire
Mon mari couche à sa maison des champs ;
Qu'incontinent qu'il croira que mes gens
Seront couchez et dans leur premier somme,
Il se rendra devers mon cabinet.
Qu'espere-t-il ? pour qui me prend cet homme ?
Un rendez-vous ! est-il fol en effet ?
Sans que je crains de commettre Geronte,
Je poserois tantôt un si bon guet,
Qu'il seroit pris ainsi qu'au trebuchet,
Ou s'enfuiroit avec sa courte honte. »
Ces mots finis, Madame Aminte sort.
Une heure aprés Cleon vint ; et d'abord
On luy jetta les joyaux et la boëte :
On l'auroit pris à la gorge au besoin.
« Eh bien ! cela vous semble-t-il honnête ?

Mais ce n'est rien; vous allez bien plus loin. »
Alis dit lors mot pour mot ce qu'Aminte
Venoit de dire en sa derniere plainte.
Cleon se tint pour dûment averti.
« J'aymois, dit-il, il est vray, cette belle ;
Mais, puisqu'il faut ne rien esperer d'elle,
Je me retire et prendray ce parti.
—Vous ferez bien ; c'est celuy qu'il faut prendre, »
Luy dit Alis. Il ne le prit pourtant.
Trop bien, minuit à grand'peine sonnant,
Le compagnon sans faute se va rendre
Devers l'endroit qu'Aminte avoit marqué.
Le rendez-vous étoit bien expliqué ;
Ne doutez pas qu'il n'y fût sans escorte.
La jeune Aminte attendoit à la porte :
Un profond somme occupoit tous les yeux ;
Même ceux-là qui brillent dans les cieux
Estoient voilez par une épaisse nue.
Comme on avoit toute chose préveue,
Il entre vîte et sans autres discours
Ils vont... ils vont au cabinet d'amours.
Là le Galant dés l'abord se récrie,
Comme la dame étoit jeune et jolie,
Sur sa beauté ; la bonté vint aprés,
Et celle-cy suivit l'autre de prés.
« Mais, dites-moy de grace, je vous prie,
Qui vous a fait aviser de ce tour ?
Car jamais tel ne se fit en amour :
Sur les plus fins je prétens qu'il excelle,
Et vous devez vous-même l'avouer. »
Elle rougit, et n'en fut que plus belle ;
Sur son esprit, sur ses traits, sur son zele,
Il la loua. Ne fit-il que louer ?

IV. — LE REMEDE

CONTE.

S ı l'on se plaît à l'image du Vray,
Combien doit-on rechercher le Vray même ?
J'en fais souvent dans mes contes l'essay,
Et vois toûjours que sa force est extrême,
Et qu'il attire à soy tous les esprits.
Non qu'il ne faille en de pareils écrits
Feindre les noms ; le reste de l'affaire
Se peut conter sans en rien déguiser :
Mais, quant aux noms, il faut au moins les taire,
Et c'est ainsi que je vais en user.

Près du Mans donc, pays de Sapience,
Gens pesans l'air, fine fleur de Normand,
Une pucelle eut n'aguere un amant,
Frais, delicat, et beau par excellence,
Jeune sur tout; à peine son menton
S'étoit vétu de son premier coton.
La fille étoit un parti d'importance ;
Charmes et dot, aucun poinct n'y manquoit,
Tant et si bien que chacun s'appliquoit
A la gagner ; tout le Mans y couroit.
Ce fut en vain ; car le cœur de la fille
Inclinoit trop pour nôtre Jouvenceau :
Les seuls parens, par un esprit Manceau,
La destinoient pour une autre famille.
Elle fit tant autour d'eux que l'amant,
Bon gré, malgré, je ne sçay pas comment,

Eut à la fin accés chez sa maîtresse.
Leur indulgence, ou plûtôt son adresse,
Peut être aussi son sang et sa noblesse,
Les fit changer : que sçay-je quoy ? tout duit
Aux gens heureux, car aux autres tout nuit.
L'Amant le fut : les parens de la Belle
Sceurent priser son merite et son zele.
C'étoit là tout. Eh ! que faut-il encor ?
Force contant ; les biens du siecle d'or
Ne sont plus biens, ce n'est qu'une ombre vaine.
O temps heureux ! je prévois qu'avec peine
Tu reviendras dans le pays du Maine !
Ton innocence eût secondé l'ardeur
De nôtre Amant, et hâté cette affaire ;
Mais des parens l'ordinaire lenteur
Fit que la Belle, ayant fait dans son cœur
Cet hymenée, acheva le mystere
Selon les Us de l'isle de Cythere.
Nos vieux Romans, en leur style plaisant,
Nomment cela *paroles de present.*
Nous y voyons pratiquer cet usage,
Demi-amour et demi-mariage,
Table d'attente, avant-goût de l'hymen.
Amour n'y fit un trop long examen :
Prêtre et parent tout ensemble et Notaire,
En peu de jours il consomma l'affaire :
L'esprit Manceau n'eut point part à ce fait.
Voilà nôtre homme heureux et satisfait,
Passant les nuits avec son épousée ;
Dire comment, ce seroit chose aisée ;
Les doubles clefs, les bréches à l'enclos,
Les menus dons qu'on fit à la soubrette,
Rendoient l'époux jouissant en repos
D'une faveur douce autant que secrette.
Avint pourtant que nôtre belle un soir,

En se plaignant, dit à sa gouvernante,
Qui du secret n'étoit participante :
« Je me sens mal ; n'y sçauroit-on pourvoir ? »
L'autre reprit : « Il vous faut un remede.
Demain matin nous en dirons deux mots. »
Minuit venu, l'époux mal à propos,
Tout plein encor du feu qui le possede,
Vient de sa part chercher soulagement,
Car chacun sent icy-bas son tourment.
On ne l'avoit averti de la chose.
Il n'étoit pas sur les bords du sommeil
Qui suit souvent l'amoureux appareil,
Qu'incontinent l'Aurore aux doigts de rose
Ayant ouvert les portes d'Orient,
La gouvernante ouvrit tout en riant,
Remede en main, les portes de la chambre :
Par grand bon-heur il s'en rencontra deux,
Car la saison aprochoit de Septembre,
Mois où le chaud et le froid sont douteux.
La fille alors ne fut pas assez fine ;
Elle n'avoit qu'à tenir bonne mine,
Et faire entrer l'amant au fond des draps,
Chose facile autant que naturelle.
L'émotion luy tourna la cervelle ;
Elle se cache elle-même, et tout bas
Dit en deux mots quel est son embarras.
L'Amant fut sage ; il presenta pour elle
Ce que Brunel à Marphise montra.
La Gouvernante, ayant mis ses lunettes,
Sur le galant son adresse éprouva ;
Du bain interne elle le regala,
Puis dit adieu, puis aprés s'en alla.
Dieu la conduise, et toutes celles-là
Qui vont nuisant aux amitiez secrettes !
Si tout cecy passoit pour des sornettes

(Comme il se peut, je n'en voudrois jurer)
On chercheroit dequoy me censurer.
Les Critiqueurs sont un peuple severe ;
Ils me diront : « Vôtre Belle en sortit
En fille sotte et n'ayant point d'esprit :
Vous luy donnez un autre caractere ;
Cela nous rend suspecte cette affaire :
Nous avons lieu d'en douter ; auquel cas
Vôtre prologue icy ne convient pas. »
Je répondray... Mais que sert de répondre ?
C'est un procés qui n'auroit point de fin :
Par cent raisons j'aurois beau les confondre ;
Ciceron même y perdroit son latin.
Il me suffit de n'avoir en l'ouvrage
Rien avancé qu'aprés des gens de foy :
J'ai mes garends : que veut-on davantage ?
Chacun ne peut en dire autant que moy.

V. — LES AVEUS INDISCRETS

CONTE.

Paris sans pair n'avoit en son enceinte
Rien dont les yeux semblassent si ravis
Que la belle, l'aimable et jeune Aminte,
Fille à pourvoir, et des meilleurs partis.
Sa mere encor la tenoit sous son aîle ;
Son pere avoit du contant et du bien ;
Faites état qu'il ne luy manquoit rien.
Le beau Damon s'étant piqué pour elle,
Elle receut les offres de son cœur :
Il fit si bien l'esclave de la belle,

Qu'il en devint le maître et le vainqueur,
Bien entendu sous le nom d'hymenée ;
Pas ne voudrois qu'on le crût autrement.
L'an révolu, ce couple si charmant,
Toûjours d'accord, de plus en plus s'aimant
(Vous eussiez dit la premiere journée)
Se promettoit la vigne de l'Abbé,
Lorsque Damon, sur ce propos tombé,
Dit à sa femme : « Un poinct trouble mon ame ;
Je suis épris d'une si douce flâme,
Que je voudrois n'avoir aimé que vous,
Que mon cœur n'eût ressenty que vos coups,
Qu'il n'eût logé que vôtre seule image,
Digne, il est vray, de son premier hommage.
J'ay cependant éprouvé d'autres feux :
J'en dis ma coulpe, et j'en suis tout honteux.
Il m'en souvient, la Nymphe étoit gentille,
Au fonds d'un bois, l'Amour seul avec nous ;
Il fit si bien, si mal, me direz-vous,
Que de ce fait il me reste une fille.
— Voila mon sort, dit Aminte à Damon :
J'étois un jour seulette à la maison ;
Il me vint voir certain fils de famille,
Bien-fait et beau, d'agreable façon :
J'en eus pitié ; mon naturel est bon,
Et, pour conter tout de fil en aiguille,
Il m'est resté de ce fait un garçon. »
Elle eut à peine achevé la parolle,
Que du mari l'ame jalouse et folle
Au desespoir s'abandonne aussi-tôt ;
Il sort plein d'ire, il descend tout d'un saut,
Rencontre un bast, se le met, et puis crie :
« *Je suis basté.* » Chacun au bruit accourt,
Les pere et mere, et toute la mégnie,
Jusqu'aux voisins. Il dit, pour faire court,

Le beau sujet d'une telle folie.
Il ne faut pas que le Lecteur oublie
Que les parens d'Aminte, bons Bourgeois,
Et qui n'avoient que cette fille unique,
La nourrissoient, et tout son domestique,
Et son époux, sans que, hors cette fois,
Rien eût troublé la paix de leur famille.
La mere donc s'en va trouver sa fille ;
Le pere suit, laisse sa femme entrer,
Dans le dessein seulement d'écouter.
La porte étoit entr'ouverte ; il s'approche ;
Bref, il entend la noise et le reproche
Que fit sa femme à leur fille, en ces mots :
« Vous avez tort : j'ay veu beaucoup de sots,
Et plus encor de sottes, en ma vie ;
Mais qu'on pût voir telle indiscrétion,
Qui l'auroit crû ? Car enfin, je vous prie,
Qui vous forçoit ? Quelle obligation
De reveler une chose semblable ?
Plus d'une fille a forligné ; le diable
Est bien subtil ; bien malins sont les gens :
Non pour cela que l'on soit excusable ;
Il nous faudroit toutes dans des Couvents
Claquemurer jusques à l'hymenée.
Moy qui vous parle ay même destinée ;
J'en garde au cœur un sensible regret :
J'eus trois enfans avant mon mariage.
A vôtre pere ay-je dit ce secret ?
En avons-nous fait plus mauvais ménage ? »
Ce discours fut à peine proferé,
Que l'écoutant s'en court, et, tout outré,
Trouve du bast la sangle, et se l'attache,
Puis va criant par tout : « *Je suis sanglé !* »
Chacun en rit, encor que chacun sçache
Qu'il a dequoy faire rire à son tour.

Les deux maris vont dans maint carrefour
Criant, courant, chacun à sa maniere,
Basté le gendre, et *Sanglé* le beau-pere.
On doutera de ce dernier poinct-cy ;
Mais il ne faut telles choses mécroire.
Et, par exemple, écoutez bien cecy :
Quand Roland sceut les plaisirs et la gloire
Que dans la grotte avoit eus son Rival,
D'un coup de poing il tua son cheval.
Pouvoit-il pas, traînant la pauvre bête,
Mettre de plus la selle sur son dos,
Puis s'en aller, tout du haut de sa tête,
Faire crier et redire aux Echos :
Je suis basté, sanglé ? car il n'importe,
Tous deux sont bons. Vous voyez de la sorte
Que cecy peut contenir verité.
Ce n'est assez, cela ne doit suffire ;
Il faut aussi montrer l'utilité
De ce recit ; je m'en vais vous la dire.
L'heureux Damon me semble un pauvre sire :
Sa confiance eut bien-tôt tout gâté.
Pour la sotise et la simplicité
De sa moitié, quant à moy, je l'admire.
Se confesser à son propre mary !
Quelle folie ! Imprudence est un terme
Foible, à mon sens, pour exprimer cecy.
Mon discours donc en deux points se renferme :
Le nœu d'hymen doit être respecté,
Veut de la foy, veut de l'honnêteté :
Si, par mal-heur, quelque atteinte un peu forte,
Le fait clocher d'un ou d'autre côté,
Comportez-vous de maniere et de sorte
Que ce secret ne soit point éventé :
Gardez de faire aux égards banqueroute ;
Mentir alors est digne de pardon.

Je donne icy de beaux conseils, sans doutc :
Les ay-je pris pour moy-même ? Helas ! non.

VI. — LA MATRONE D'EPHESE

S'il est un conte usé, commun et rebatu,
C'est celuy qu'en ces vers j'accommode à ma guise.
    « Et pourquoy donc le choisis-tu ?
    Qui t'engage à cette entreprise ?
N'a-t-elle point déja produit assez d'écrits ?
    Quelle grace aura ta Matrone
    Au prix de celle de Pétrone ?
Comment la rendras-tu nouvelle à nos esprits ? »
Sans répondre aux censeurs, car c'est chose infinie,
Voyons si dans mes Vers je l'auray rajeunie.

    Dans Ephese il fut autrefois
Une Dame en sagesse et vertus sans égale,
    Et, selon la commune voix,
Ayant sceu rafiner sur l'amour conjugale.
Il n'étoit bruit que d'elle et de sa chasteté ;
    On l'alloit voir par rareté ;
C'étoit l'honneur du sexe : heureuse sa patrie !
Chaque mere à sa bru l'alleguoit pour Patron ;
Chaque époux la prônoit à sa femme chérie :
D'elle descendent ceux de la Prudoterie,
    Antique et celebre maison.
    Son mary l'aimoit d'amour folle.
    Il mourut. De dire comment,
    Ce seroit un détail frivole ;
    Il mourut, et son testament
N'étoit plein que de legs qui l'auroient consolée,

Si les biens réparoient la perte d'un mari
    Amoureux autant que cheri.
Mainte veuve pourtant fait la déchevelée,
Qui n'abandonne pas le soin du demeurant,
Et du bien qu'elle aura fait le compte en pleurant.
Celle-cy par ses cris mettoit tout en allarme;
    Celle-cy faisoit un vacarme,
Un bruit et des regrets à percer tous les cœurs,
    Bien qu'on sçache qu'en ces malheurs,
De quelque desespoir qu'une ame soit atteinte,
La douleur est toûjours moins forte que la plainte;
Toûjours un peu de faste entre parmi les pleurs.
Chacun fit son devoir de dire à l'affligée
Que tout a sa mesure, et que de tels regrets
    Pourroient pécher par leur excés :
Chacun rendit par là sa douleur rengregée.
Enfin, ne voulant plus jouir de la clarté
    Que son époux avoit perdue,
Elle entre dans sa tombe, en ferme volonté
D'accompagner cette ombre aux enfers descendue.
Et voyez ce que peut l'excessive amitié!
(Ce mouvement aussi va jusqu'à la folie)
Une esclave en ce lieu la suivit par pitié,
    Prête à mourir de compagnie ;
Prête, je m'entends bien; c'est à dire, en un mot,
N'ayant examiné qu'à demi ce complot,
Et, jusques à l'effet, courageuse et hardie.
L'esclave avec la Dame avoit été nourrie ;
Toutes deux s'entraimoient, et cette passion
Etoit crue avec l'âge au cœur des deux femelles :
Le monde entier à peine eût fourni deux modeles
    D'une telle inclination.

Comme l'esclave avoit plus de sens que la Dame,
Elle laissa passer les premiers mouvemens ;

Puis tâcha, mais en vain, de remettre cette ame
Dans l'ordinaire train des communs sentimens.
Aux consolations la veuve inaccessible
S'appliquoit seulement à tout moyen possible
De suivre le defunt aux noirs et tristes lieux.
Le fer auroit été le plus court et le mieux,
Mais la Dame vouloit paître encore ses yeux
  Du tresor qu'enfermoit la biere,
  Froide dépouille et pourtant chere ;
  C'étoit là le seul aliment
  Qu'elle prist en ce monument.
  La faim donc fut celle des portes
  Qu'entre d'autres de tant de sortes
Nôtre veuve choisit pour sortir d'icy bas.
Un jour se passe, et deux, sans autre nourriture
Que ses profonds soûpirs, que ses frequens helas,
  Qu'un inutile et long murmure
Contre les Dieux, le sort, et toute la nature.
  Enfin sa douleur n'obmit rien,
  Si la douleur doit s'exprimer si bien.

Encore un autre mort faisoit sa residence
Non loin de ce tombeau, mais bien differemment,
  Car il n'avoit pour monument
  Que le dessous d'une potence :
Pour exemple aux voleurs on l'avoit là laissé.
  Un Soldat bien recompensé
  Le gardoit avec vigilance.
  Il étoit dit par Ordonnance
Que si d'autres voleurs, un parent, un ami,
L'enlevoient, le Soldat, nonchalant, endormi,
  Rempliroit aussi-tôt sa place.
  C'étoit trop de severité ;
  Mais la publique utilité
Deffendoit que l'on fist au garde aucune grace.

Pendant la nuit il vid aux fentes du tombeau
Briller quelque clarté, spectacle assez nouveau.
Curieux, il y court, entend de loin la Dame
    Remplissant l'air de ses clameurs.
Il entre, est étonné, demande à cette femme
    Pourquoy ces cris, pourquoy ces pleurs,
  ·   Pourquoy cette triste musique,
Pourquoy cette maison noire et melancolique.
Occupée à ses pleurs, à peine elle entendit
    Toutes ces demandes frivoles,
    Le mort pour elle y répondit ;
    Cet objet, sans autres parolles,
    Disoit assez par quel malheur
La Dame s'enterroit ainsi toute vivante.
« Nous avons fait serment, ajoûta la suivante,
De nous laisser mourir de faim et de douleur. »
Encor que le soldat fust mauvais orateur,
Il leur fit concevoir ce que c'est que la vie.
La Dame cette fois eut de l'attention ;
    Et déja l'autre passion
    Se trouvoit un peu ralentie :
Le tems avoit agi. « Si la foy du serment,
Poursuivit le soldat, vous deffend l'aliment,
    Voyez-moy manger seulement;
Vous n'en mourrez pas moins. » Un tel temperament
    Ne déplut pas aux deux femelles;
    Conclusion, qu'il obtint d'elles
Une permission d'apporter son soupé,
Ce qu'il fit, et l'esclave eut le cœur fort tenté
De renoncer dés-lors à la cruelle envie
    De tenir au mort compagnie.
« Madame, ce dit-elle, un penser m'est venu :
Qu'importe à vôtre époux que vous cessiez de vivre ?
Croyez-vous que luy-même il fût homme à vous sui-
Si par vôtre trépas vous l'aviez prevenu ?   [vre,

L. F., CONTES. II.   8

Non, Madame, il voudroit achever sa carriere.
La nôtre sera longue encor si nous voulons.
Se faut-il, à vingt ans, enfermer dans la biere ?
Nous aurons tout loisir d'habiter ces maisons.
·On ne meurt que trop tôt ; qui nous presse? attendons..
Quant à moy, je voudrois ne mourir que ridée.
Voulez-vous emporter vos appas chez les morts ?
Que vous servira-t-il d'en être regardée ?
  Tantôt, en voyant les tresors
Dont le Ciel prit plaisir d'orner vôtre visage,
  Je disois : Helas ! c'est dommage !
Nous-mêmes nous allons enterrer tout cela.»·
A ce discours flatteur la Dame s'éveilla.
Le Dieu qui fait aimer prit son tems ; il tira
Deux traits de son carquois : de l'un il entama
Le soldat jusqu'au vif ; l'autre effleura la Dame.
Jeune et belle, elle avoit sous ses pleurs de l'éclat ;
  Et des gens de goût délicat
Auroient bien pû l'aimer, et même étant leur femme.
Le garde en fut épris : les pleurs et la pitié,
  Sorte d'amours ayant ses charmes,
Tout y fit : une belle, alors qu'elle est en larmes,
  En est plus belle de moitié.
Voilà donc nôtre veuve écoutant la louange,
Poison qui de l'amour est le premier degré ;
  La voilà qui trouve à son gré
Celuy qui le luy donne. Il fait tant qu'elle mange ;
Il fait tant que de plaire, et se rend en effet
Plus digne d'être aimé que le mort le mieux fait ;
  Il fait tant enfin qu'elle change ;
Et toûjours par degrez, comme l'on peut penser,
De l'un à l'autre il fait cette femme passer.
  Je ne le trouve pas étrange.
Elle écoute un amant, elle en fait un mari,
Le tout au nez du mort qu'elle avoit tant cheri.

Pendant cet hymenée, un voleur se hazarde
D'enlever le dépost commis au soin du garde :
Il en entend le bruit, il y court à grands pas,
    Mais en vain, la chose étoit faite.
Il revient au tombeau conter son embarras,
    Ne sçachant où trouver retraite.
L'esclave alors luy dit, le voyant éperdu :
    « L'on vous a pris vôtre pendu ?
Les Loix ne vous feront, dites-vous, nulle grace ?
Si Madame y consent, j'y remedieray bien.
    Mettons nôtre mort en la place,
    Les passans ny connoîtront rien. »
La Dame y consentit. O volages femelles !
La femme est toujours femme. Il en est qui sont
    Il en est qui ne le sont pas :   [belles ;
    S'il en étoit d'assez fideles,
    Elles auroient assez d'appas.

Prudes, vous vous devez défier de vos forces :
Ne vous vantez de rien. Si vôtre intention
    Est de resister aux amorces,
La nôtre est bonne aussi ; mais l'execution
Nous trompe également ; témoin cette Matrone.
    Et n'en déplaise au bon Petrone,
Ce n'étoit pas un fait tellement merveilleux
Qu'il en dût proposer l'exemple à nos neveux.
Cette veuve n'eut tort qu'au bruit qu'on luy vid faire,
Qu'au dessein de mourir, mal conceu, mal formé :
    Car de mettre au patibulaire
    Le corps d'un mary tant aimé,
Ce n'étoit pas peut-être une si grande affaire ;
Cela luy sauvoit l'autre : et, tout consideré,
Mieux vaut goujat debout qu'Empereur enterré.

VII. — BELPHEGOR

NOUVELLE TIRÉE DE MACHIAVEL.

A Mademoiselle de Chammelay.

De vôtre nom j'orne le frontispice
Des derniers vers que ma Muse a polis.
Puisse le tout, ô charmante Philis !
Aller si loin que nôtre los franchisse
La nuit des tems ! nous la sçaurons dompter,
Moy par écrire, et vous par reciter.
Nos noms unis perceront l'ombre noire ;
Vous regnerez long-tems dans la memoire
Aprés avoir regné jusques icy
Dans les esprits, dans les cœurs même aussi.
Qui ne connoit l'inimitable Actrice
Representant ou Phedre ou Berenice,
Chimene en pleurs, ou Camille en fureur ?
Est-il quelqu'un que vôtre voix n'enchante ?
S'en trouve-t-il une autre aussi touchante,
Une autre enfin allant si droit au cœur ?
N'attendez pas que je fasse l'eloge
De ce qu'en vous on trouve de parfait ;
Comme il n'est point de grace qui n'y loge,
Ce seroit trop, je n'aurois jamais fait.
De mes Philis vous seriez la premiere,
Vous auriez eu mon ame toute entiere,
Si de mes vœux j'eusse plus presumé ;
Mais, en aimant, qui ne veut être aimé ?
Par des transports n'esperant pas vous plaire,

Je me suis dit seulement vôtre ami,
De ceux qui sont Amans plus d'à demi,
Et plût au sort que j'eusse pû mieux faire !
Cecy soit dit : venons à nôtre affaire.
  Un jour Satan, Monarque des enfers,
Faisoit passer ses sujets en reveue.
Là, confondus, tous les états divers,
Princes et Rois, et la tourbe menue,
Jettoient maint pleur, poussoient maint et maint
Tant que Satan en étoit étourdi.   [cri,
Il demandoit en passant à chaque ame :
« Qui t'a jettée en l'éternelle flame ? »
L'une disoit : « Helas ! c'est mon mari ; »
L'autre aussi-tôt répondoit : « C'est ma femme. »
Tant et tant fut ce discours repeté,
Qu'enfin Satan dit en plein Consistoire :
« Si ces gens cy disent la verité,
Il est aisé d'augmenter nôtre gloire.
Nous n'avons donc qu'à le vérifier.
Pour cet effet, il nous faut envoyer
Quelque demon plein d'art et de prudence,
Qui, non content d'observer avec soin
Tous les hymens dont il sera témoin,
Y joigne aussi sa propre experience. »
Le Prince ayant proposé sa sentence,
Le noir Senat suivit tout d'une voix.
De Belphegor aussi-tôt on fit choix.
Ce Diable étoit tout yeux et tout oreilles,
Grand éplucheur, clair-voyant à merveilles,
Capable enfin de penetrer dans tout,
Et de pousser l'examen jusqu'au bout.
Pour subvenir aux fraix de l'entreprise,
On luy donna mainte et mainte remise,
Toutes à veue, et qu'en lieux differens
Il pût toucher par des correspondans.

Quant au surplus, les fortunes humaines,
Les biens, les maux, les plaisirs et les peines,
Bref, ce qui suit nôtre condition,
Fut une annexe à sa legation.
Il se pouvoit tirer d'affliction
Par ses bons tours et par son industrie,
Mais non mourir, ny revoir sa patrie,
Qu'il n'eût icy consumé certain tems :
Sa mission devoit durer dix ans.
Le voilà donc qui traverse et qui passe
Ce que le Ciel voulut mettre d'espace
Entre ce monde et l'eternelle nuit ;
Il n'en mit guere, un moment y conduit.
Nôtre Demon s'établit à Florence,
Ville pour lors de luxe et de dépense :
Même il la crut propre pour le trafic.
Là, sous le nom du seigneur Roderic,
Il se logea, meubla, comme un riche homme,
Grosse maison, grand train, nombre de gens,
Anticipant tous les jours sur la somme
Qu'il ne devoit consumer qu'en dix ans.
On s'étonnoit d'une telle bombance :
Il tenoit table, avoit de tous côtez
Gens à ses frais, soit pour ses voluptez,
Soit pour le faste et la magnificence.
L'un des plaisirs où plus il dépensa
Fut la louange : Apollon l'encensa ;
Car il est maître en l'art de flaterie.
Diable n'eut onc tant d'honneurs en sa vie.
Son cœur devint le but de tous les traits
Qu'Amour lançoit : il n'étoit point de belle
Qui n'employât ce qu'elle avoit d'attraits
Pour le gagner, tant sauvage fût-elle ;
Car de trouver une seule rebelle,
Ce n'est la mode à gens de qui la main

Par les presens s'aplanit tout chemin :
C'est un ressort en tous desseins utile.
Je l'ay jà dit, et le redis encor,
Je ne connois d'autre premier mobile
Dans l'Univers que l'argent et que l'or.
Nôtre envoyé cependant tenoit compte
De chaque hymen en journaux differens :
L'un, des époux satisfaits et contens,
Si peu remply que le Diable en eut honte;
L'autre journal incontinent fut plein.
A Belphegor il ne restoit enfin
Que d'éprouver la chose par luy-même.
Certaine fille à Florence étoit lors,
Belle et bien faite, et peu d'autres tresors ;
Noble d'ailleurs, mais d'un orgueil extrême,
Et d'autant plus que de quelque vertu
Un tel orgueil paroissoit revétu.
Pour Roderic on en fit la demande.
Le Pere dit que Madame Honnesta,
C'étoit son nom, avoit eu jusques-là
Force partis ; mais que parmy la bande
Il pourroit bien Roderic preferer,
Et demandoit tems pour délibérer.
On en convient. Le poursuivant s'applique
A gagner celle où ses vœux s'adressoient.
Fêtes et bals, serenades, Musique,
Cadeaux, festins, fort bien appetissoient,
Alteroient fort le fonds de l'ambassade.
Il n'y plaint rien, en use en grand Seigneur,
S'épuise en dons. L'autre se persuade
Qu'elle luy fait encor beaucoup d'honneur.
Conclusion, qu'aprés force prieres,
Et des façons de toutes les manieres,
Il eut un oui de Madame Honnesta.
Auparavant le Notaire y passa,

Dont Belphegor se mocquant en son ame :
« Hé quoy! dit-il, on acquiert une femme
Comme un Château! ces gens ont tout gâté. »
Il eut raison : ôtez d'entre les hommes
La simple foy, le meilleur est ôté.
Nous nous jettons, pauvres gens que nous sommes,
Dans les procés, en prenant le revers ;
Les si, les cas, les Contrats, sont la porte
Par où la noise entra dans l'Univers :
N'esperons pas que jamais elle en sorte.
Solemnitez et loix n'empéchent pas
Qu'avec l'hymen amour n'ait des débats.
C'est le cœur seul qui peut rendre tranquille :
Le cœur fait tout, le reste est inutile.
Qu'ainsi ne soit, voyons d'autres états :
Chez les amis, tout s'excuse, tout passe ;
Chez les Amans, tout plaît, tout est parfait;
Chez les Epoux, tout ennuye et tout lasse.
Le devoir nuit, chacun est ainsi fait.
Mais, dira-t-on, n'est-il en nulles guises
D'heureux ménage? Aprés meur examen,
J'appelle un bon, voire un parfait hymen,
Quand les conjoints se souffrent leurs sottises.
      Sur ce point-là c'est assez raisonné.
Dés que chez luy le Diable eut amené
Son épousée, il jugea par luy-même
Ce qu'est l'hymen avec un tel demon ;
Toûjours débats, toûjours quelque sermon
Plein de sottise en un degré suprême :
Le bruit fut tel que Madame Honnesta
Plus d'une fois les voisins éveilla ;
Plus d'une fois on courut à la noise.
« Il luy falloit quelque simple bourgeoise,
Ce disoit-elle : un petit trafiquant
Traiter ainsi les filles de mon rang!

Meritoit-il femme si vertueuse ?
Sur mon devoir je suis trop scrupuleuse :
J'en ay regret ; et si je faisois bien.... »
Il n'est pas seur qu'Hohnesta ne fist rien :
Ces prudes là nous en font bien accroire.
Nos deux Epoux, à ce que dit l'histoire,
Sans disputer n'étoient pas un moment.
Souvent leur guerre avoit pour fondement
Le jeu, la juppe, ou quelque ameublement
D'Eté, d'Hyver, d'entre-tems, bref un monde
D'inventions propres à tout gâter.
Le pauvre Diable eut lieu de regreter
De l'autre enfer la demeure profonde.
Pour comble enfin, Roderic épousa
La parenté de Madame Honnesta,
Ayant sans cesse et le pere et la mere,
Et la grand' sœur avec le petit frere ;
De ses deniers mariant la grand' sœur ;
Et du petit payant le Precepteur.
Je n'ay pas dit la principale cause
De sa ruine, infaillible accident,
Et j'oubliois qu'il eut un Intendant.
Un Intendant ? qu'est-ce que cette chose ?
Je definis cet être, un animal
Qui, comme on dit, sçait pécher en eau trouble,
Et plus le bien de son maître va mal,
Plus le sien croist, plus son profit redouble,
Tant qu'aisément luy même acheteroit
Ce qui de net au Seigneur resteroit :
Donc, par raison bien et dûment déduite,
On pourroit voir chaque chose reduite
En son état, s'il arrivoit qu'un jour
L'autre devinst l'Intendant à son tour,
Car regagnant ce qu'il eut étant maître,
Ils reprendroient tous deux leur premier être.

Le seul recours du pauvre Roderic,
Son seul espoir, étoit certain trafic
Qu'il pretendoit devoir remplir sa bourse,
Espoir douteux, incertaine ressource.
Il étoit dit que tout seroit fatal
A nôtre époux ; ainsi tout alla mal :
Ses agents, tels que la plûpart des nôtres,
En abusoient : il perdit un vaisseau,
Et vid aller le commerce a vau-l'eau,
Trompé des uns, mal servy par les autres.
Il emprunta. Quand ce vint à payer,
Et qu'à sa porte il vit le creancier,
Force luy fut d'esquiver par la fuite,
Gagnant les champs, où de l'âpre poursuite
Il se sauva chez un certain fermier,
En certain coin remparé de fumier.
A Matheo, c'étoit le nom du Sire,
Sans tant tourner, il dit ce qu'il étoit ;
Qu'un double mal chez luy le tourmentoit,
Ses creanciers, et sa femme encor pire ;
Qu'il n'y sçavoit remede que d'entrer
Au corps des gens et de s'y remparer,
D'y tenir bon ; iroit-on là le prendre ?
Dame Honnesta viendroit-elle y prôner
Qu'elle a regret de se bien gouverner,
Chose ennuyeuse et qu'il est las d'entendre ?
Que de ces corps trois fois il sortiroit,
Si-tôt que luy Matheo l'en prieroit ;
Trois fois sans plus, et ce, pour recompense
De l'avoir mis à couvert des Sergens.
Tout aussi-tôt l'Ambassadeur commence
Avec grand bruit d'entrer au corps des gens.
Ce que le sien, ouvrage fantastique,
Devint alors, l'histoire n'en dit rien.
Son coup d'essay fut une fille unique

Où le Galand se trouvoit assez bien :
Mais Matheo, moyennant grosse somme,
L'en fit sortir au premier mot qu'il dit.
C'étoit à Naple. Il se transporte à Rome ;
Saisit un corps : Matheo l'en bannit,
Le chasse encore : autre somme nouvelle.
Trois fois enfin, toûjours d'un corps femelle,
Remarquez bien, nôtre Diable sortit.
Le Roy de Naple avoit lors une fille,
Honneur du sexe, espoir de sa famille :
Maint jeune Prince étoit son poursuivant.
Là d'Honnesta Belphegor se sauvant,
On ne le pût tirer de cet asile.
Il n'étoit bruit, aux champs comme à la ville,
Que d'un manant qui chassoit les esprits.
Cent mille écus d'abord luy sont promis.
Bien affligé de manquer cette somme
(Car les trois fois l'empéchoient d'esperer
Que Belphegor se laissast conjurer)
Il la refuse ; il se dit un pauvre homme,
Pauvre pecheur, qui sans sçavoir comment,
Sans dons du Ciel, par hazard seulement,
De quelques corps a chassé quelque Diable,
Apparemment chetif et miserable,
Et ne connoist celuy-cy nullement.
Il a beau dire, on le force, on l'ameine,
On le menace, on luy dit que, sous peine
D'être pendu, d'être mis haut et court
En un gibet, il faut que sa puissance
Se manifeste avant la fin du jour.
Dés l'heure même on vous met en presence
Nôtre Demon et son Conjurateur,
D'un tel combat le Prince est spectateur ;
Chacun y court ; n'est fils de bonne mere
Qui pour le voir ne quitte toute affaire.

D'un côté sont le gibet et la hart ;
Cent mille écus bien comptez d'autre part.
Matheo tremble et lorgne la finance.
L'esprit malin, voyant sa contenance,
Rioit sous cape, alleguoit les trois fois,
Dont Matheo suoit dans son harnois,
Pressoit, prioit, conjuroit avec larmes,
Le tout en vain. Plus il est en alarmes,
Plus l'autre rit. Enfin le manant dit
Que sur ce Diable il n'avoit nul credit.
On vous le hape et meine à la potence.
Comme il alloit haranguer l'assistance,
Necessité luy suggera ce tour :
Il dit tout bas qu'on batist le tambour ;
Ce qui fut fait, dequoy l'esprit immonde
Un peu surpris, au manant demanda :
« Pourquoy ce bruit ? coquin ? qu'entends-je là ? »
L'autre répond : « C'est Madame Honnesta
Qui vous reclame, et va par tout le monde
Cherchant l'Epoux que le Ciel luy donna. »
Incontinent le Diable décampa,
S'enfuit au fonds des enfers, et conta
Tout le succés qu'avoit eu son voyage.
« Sire, dit-il, le nœud du mariage
Damne aussi dru qu'aucuns autres états.
Vôtre grandeur void tomber icy bas,
Non par flocons, mais menu comme pluye,
Ceux que l'hymen fait de sa confrairie ;
J'ay par moy-même examiné le cas.
Non que de soy la chose ne soit bonne :
Elle eut jadis un plus heureux destin ;
Mais, comme tout se corrompt à la fin,
Plus beau fleuron n'est en vôtre Couronne. »
Satan le crut, il fut recompensé,
Encor qu'il eût son retour avancé.

Car qu'eût-il fait ? Ce n'étoit pas merveilles
Qu'ayant sans cesse un Diable à ses oreilles,
Toûjours le même, et toûjours sur un ton,
Il fût contraint d'enfiler la venelle ;
Dans les enfers encore en change-t-on.
L'autre peine est, à mon sens, plus cruelle.
Je voudrois voir quelque Saint y durer ;
Elle eût à Job fait tourner la cervelle.
De tout cecy que prétends-je inferer ?
Premierement, je ne sçay pire chose
Que de changer son logis en prison :
En second lieu, si par quelque raison
Vôtre ascendant à l'hymen vous expose,
N'épousez point d'Honnesta s'il se peut :
N'a pas pourtant une Honnesta qui veut.

VIII. — LES QUIPROQUO

Dame fortune aime souvent à rire,
Et, nous jouant un tour de son métier,
Au lieu des biens où nôtre cœur aspire,
D'un *quiproquo* se plaist à nous payer.
Ce sont ses jeux. J'en parle à juste cause :
Il m'en souvient ainsi qu'au premier jour.
Cloris et moy nous nous aimions d'amour ;
Au bout d'un an la Belle se dispose
A me donner quelque soulagement,
Foible et leger, à parler franchement :
C'étoit son but ; mais, quoy qu'on se propose,
L'occasion et le discret Amant
Sont à la fin les maistres de la chose.
Je vais un soir chez cet objet charmant :

L'Epoux estoit aux champs heureusement,
Mais il revint la nuit à peine close.
Point de Cloris. Le dédommagement
Fut que le sort en sa place suppose
Une Soubrette à mon commandement :
Elle paya cette fois pour la Dame.
Disons un troc où, reciproquement,
Pour la Soubrette on employa la Femme.
De pareils traits tous les livres sont pleins.
Bien est-il vray qu'il faut d'habiles mains
Pour amener chose ainsi surprenante ;
Il est besoin d'en bien fonder le cas,
Sans rien forcer et sans qu'on violente
Un incident qui ne s'attendoit pas.
L'aveugle Enfant joueur de passe-passe,
Et qui voit clair à tendre maint panneau,
Fait de ces tours ; celui-là du berceau
Leve la paille à l'égard du Bocace ;
Car, quant à moy, ma main pleine d'audace
En mille endroits a peut-être gâté
Ce que la sienne a bien exécuté.
Or il est temps de finir ma preface,
Et de prouver par quelque nouveau tour
Les *quiproquo* de Fortune et d'Amour.
On ne peut mieux établir cette chose
Que par un fait à Marseille arrivé ;
Tout en est vray, rien n'en est controuvé.
Là Clidamant, que par respect je n'ose
Sous son nom propre introduire en ces vers,
Vivoit heureux, se pouvoit dire en femme
Mieux que pas un qui fust en l'Univers.
L'honnesteté, la vertu de la Dame,
Sa gentillesse, et même sa beauté,
Devoient tenir Clidamant arresté.
Il ne le fut. Le diable est bien habile,

Si c'est adresse et tour d'habileté
Que de nous tendre un piége aussi facile
Qu'est le desir d'un peu de nouveauté.
Prés de la Dame estoit une personne,
Une Suivante, ainsi qu'elle mignonne,
De même taille et de pareil maintien,
Gente de corps ; il ne lui manquoit rien
De ce qui plaist aux chercheurs d'avantures.
La Dame avoit un peu plus d'agrément,
Mais sous le masque on n'eust sceu bonnement
Laquelle élire entre ces creatures.
Le Marseillois, Provençal un peu chaud,
Ne manque pas d'attaquer au plustost
Madame Alix : c'estoit cette Soubrette :
Madame Alix, encor qu'un peu coquette,
Renvoya l'homme. Enfin il lui promet
Cent beaux écus bien comptez clair et net.
Payer ainsi des marques de tendresse
(En la Suivante) estoit, veu le pays,
Selon mon sens, un fort honneste prix.
Sur ce pied-là, qu'eust cousté la Maistresse ?
Peut-être moins, car le hazard y fait.
Mais je me trompe, et la Dame estoit telle,
Que tout Amant, et tant fust-il parfait,
Auroit perdu son latin auprés d'elle :
Ni dons, ni soins, rien n'auroit réussi.
Devrois-je y faire entrer les dons aussi ?
Las ! ce n'est plus le siecle de nos peres :
Amour vend tout, et Nimphes et Bergeres ;
Il met le taux à maint objet divin,
C'estoit un Dieu, ce n'est qu'un Eschevin.
O temps, ô mœurs ! ô coûtume perverse !
Alix d'abord rejette un tel commerce,
Fait l'irritée, et puis s'appaise enfin,
Change de ton ; dit que le lendemain,

Comme Madame avoit dessein de prendre
Certain remede, ils pourroient le matin
Tout à loisir dans la cave se rendre.
Ainsi fut dit, ainsi fut arresté,
Et la Soubrette ayant le tout conté
A sa Maistresse, aussitost les femelles
D'un quiproquo font le projet entre elles.
Le pauvre époux n'y reconnoistroit rien,
Tant la Suivante avoit l'air de la Dame ;
Puis, supposé qu'il reconnust la Femme,
Qu'en pouvoit-il arriver que tout bien ?
Elle auroit lieu de lui chanter sa gâme.
Le lendemain, par hazard, Clidamant,
Qui ne pouvoit se contenir de joye,
Trouve un Amy, lui dit étourdiment
Le bien qu'Amour à ses desirs envoye.
Quelle faveur ! Non qu'il n'eust bien voulu
Que le marché pour moins se fût conclu ;
Les cent écus lui faisoient quelque peine.
L'Amy luy dit : « Hé bien ! soyons chacun
Et du plaisir et des frais en commun. »
L'Epoux n'ayant alors sa bourse pleine,
Cinquante écus à sauver étoient bons ;
D'autre costé, communiquer la belle,
Quelle apparence ! y consentiroit-elle ?
S'aller ainsi livrer à deux Gascons !
Se tairoient-ils d'une telle fortune,
Et devoit-on la leur rendre commune ?
L'Amy leva cette difficulté,
Representant que dans l'obscurité
Alix seroit fort aisement trompée :
Une plus fine y seroit attrapée.
Il suffiroit que tous deux tour à tour,
Sans dire mot, ils entrassent en lice,
Se remettant du surplus à l'Amour,

Qui volontiers aideroit l'artifice.
Un tel silence en rien ne leur nuiroit;
Madame Alix, sans manquer, le prendroit
Pour un effet de crainte et de prudence;
Les murs ayant des oreilles (dit-on),
Le mieux estoit de se taire; à quoy bon
D'un tel secret leur faire confidence?
Les deux galans ayant de la façon
Reglé la chose, et disposez à prendre
Tout le plaisir qu'Amour leur promettoit,
Chez le mary d'abord ils se vont rendre.
Là dans le lit l'Epouse encore estoit.
L'Epoux trouva prés d'elle la Soubrette,
Sans nuls atours qu'une simple cornette,
Bref, en état de ne lui point manquer.
Même un clin d'œil qu'il put bien remarquer
L'en assura; les Amis contesterent
Touchant le pas, et long-temps disputerent.
L'Epoux ne fit l'honneur de la maison,
Tel compliment n'estant là de saison.
A trois beaux dez, pour le mieux, ils reglerent
Le precurseur, ainsi que de raison.
Ce fut l'amy. L'un et l'autre s'enferme
Dans cette cave, attendant de pied ferme
Madame Alix, qui ne vient nullement :
Trop bien la Dame, en son lieu, s'en vint faire
Tout doucement le signal necessaire.
On ouvre, on entre, et sans retardement,
Sans lui donner le temps de reconnoistre
Cecy, cela, l'erreur, le changement,
La difference enfin qui pouvoit estre
Entre l'époux et son associé,
Avant qu'il pût aucun change paroistre,
Au Dieu d'Amour il fut sacrifié.
L'heureux amy n'eut pas toute la joye

Qu'il auroit eue en connoissant sa proye.
La Dame avoit un peu plus de beauté,
Outre qu'il faut compter la qualité.
A peine fut cette scene achevée,
Que l'autre acteur, par la prompte arrivée,
Jetta la dame en quelque étonnement ;
Car, comme époux, comme Clidamant même,
Il ne montroit toûjours si frequemment
De cette ardeur l'emportement extrême.
On imputa cet excez de fureur
A la Soubrette, et la Dame en son cœur
Se proposa d'en dire sa pensée.
La fête estant de la sorte passée,
Du noir séjour ils n'eurent qu'à sortir.
L'associé des frais et du plaisir
S'en court en haut en certain vestibule :
Mais quand l'epoux vit sa femme monter
Et qu'elle eut vu l'amy se presenter,
On peut juger quel soupçon, quel scrupule,
Quelle surprise, eurent les pauvres gens ;
Ni l'un ni l'autre ils n'avoient eu le temps
De composer leur mine et leur visage.
L'epoux vit bien qu'il falloit estre sage,
Mais sa moitié pensa tout découvrir.
J'en suis surpris ; femmes sçavent mentir.
La moins habile en connoit la science.
Aucuns ont dit qu'Alix fit conscience
De n'avoir pas mieux gagné son argent,
Plaignant l'époux, et le dédommageant,
Et voulant bien mettre tout sur son compte ;
Tout cela n'est que pour rendre le conte
Un peu meilleur. J'ay veu les gens mouvoir
Deux questions : l'une, c'est à sçavoir
Si l'époux fut du nombre des confreres,
A mon avis n'a point de fondement,

Puisque la dame et l'amy nullement
Ne pretendoient vacquer à ces misteres.
L'autre point est touchant le talion ;
Et l'on demande en cette occasion
Si, pour user d'une juste vangeance,
Pretendre erreur et cause d'ignorance
A cette dame auroit esté permis.
Bien que ce soit assez là mon avis,
La dame fut toûjours inconsolable ;
Dieu gard' de mal celles qu'en cas semblable
Il ne faudroit nullement consoler !
J'en connois bien qui n'en feroient que rire :
De celles-là je n'ose plus parler,
Et je ne vois rien des autres à dire.

PHILEMON ET BAUCIS

SUJET TIRÉ DES METAMORPHOSES D'OVIDE.

Poëme dédié

A Mgr LE DUC DE VENDOME

Ny l'or ny la grandeur ne nous rendent heureux.
Ces deux Divinitez n'accordent à nos vœux
Que des biens peu certains, qu'un plaisir peu tran-
Des soucis devorans c'est l'éternel asile ;   [quille:
Veritables vautours, que le fils de Japet
Represente, enchaîné sur son triste sommet.
L'humble toict est exempt d'un tribut si funeste.
Le Sage y vit en paix et méprise le reste :
Content de ces douceurs, errant parmi les bois,
Il regarde à ses pieds les favoris des Rois,
Il lit au front de ceux qu'un vain luxe environne
Que la Fortune vend ce qu'on croit qu'elle donne.
Aproche-t-il du but, quitte-t-il ce séjour,
Rien ne trouble sa fin : c'est le soir d'un beau jour.
Philémon et Baucis nous en offrent l'exemple :
Tous deux virent changer leur cabane en un Temple.
Hymenée et l'Amour, par des desirs constans,
Avoient uni leurs cœurs dés leur plus doux printemps:
Ny le temps ny l'hymen n'éteignirent leur flâme ;
Cloton prenoit plaisir à filer cette trame.

Ils sceurent cultiver, sans se voir assistez,
Leur enclos et leur champ par deux fois vingt estez.
Eux seuls ils composoient toute leur Republique,
Heureux de ne devoir à pas-un domestique
Le plaisir ou le gré des soins qu'ils se rendoient.
Tout vieillit : sur leurs fronts les rides s'étendoient;
L'amitié modéra leurs feux sans les détruire,
Et par des traits d'amour sçût encor se produire.
Ils habitoient un bourg plein de gens dont le cœur
Joignoit aux duretez un sentiment moqueur.
Jupiter résolut d'abolir cette engeance.
Il part avec son fils, le Dieu de l'Eloquence ;
Tous deux en Pelerins vont visiter ces lieux.
Mille logis y sont, un seul ne s'ouvre aux Dieux.
Prests enfin à quitter un séjour si prophane,
Ils virent à l'écart une étroite cabane,
Demeure hospitaliere, humble et chaste maison.
Mercure frappe : on ouvre ; aussi-tôt Philémon
Vient au-devant des Dieux et leur tient ce langage:
« Vous me semblez tous deux fatiguez du voyage,
Reposez-vous. Usez du peu que nous avons ;
L'aide des Dieux a fait que nous le conservons :
Usez-en. Saluez ces Penates d'argile :
Jamais le Ciel ne fut aux humains si facile
Que quand Jupiter même étoit de simple bois ;
Depuis qu'on l'a fait d'or, il est sourd à nos voix.
Baucis, ne tardez point ; faites tiédir cette onde :
Encor que le pouvoir au desir ne réponde,
Nos Hôtes agréront les soins qui leur sont dûs. »
Quelques restes de feu sous la cendre épandus
D'un souffle haletant par Baucis s'allumerent :
Des branches de bois sec aussi-tôt s'enflammerent.
L'onde tiéde, on lava les pieds des Voyageurs.
Philémon les pria d'excuser ces longueurs,
Et pour tromper l'ennuy d'une attente importune,

Il entretint les Dieux, non point sur la fortune,
Sur ses jeux, sur la pompe et la grandeur des Rois,
Mais sur ce que les champs, les vergers et les bois
Ont de plus innocent, de plus doux, de plus rare.
Cependant par Baucis le festin se prepare.
La table où l'on servit le champêtre repas
Fut d'aix non façonnez à l'aide du compas :
Encore assure-t-on, si l'histoire en est crüe,
Qu'en un de ses supports le temps l'avoit rompue.
Baucis en égala les appuis chancelans
Du débris d'un vieux vase, autre injure des ans.
Un tapis tout usé couvrit deux escabelles :
Il ne servoit pourtant qu'aux fêtes solemnelles.
Le linge orné de fleurs fut couvert, pour tout mets,
D'un peu de lait, de fruits, et des dons de Céres.
Les divins Voyageurs, alterez de leur course,
Méloient au vin grossier le cristal d'une source.
Plus le vase versoit, moins il s'alloit vuidant.
Philémon reconnut ce miracle évident ;
Baucis n'en fit pas moins : tous deux s'agenouillerent ;
A ce signe d'abord leurs yeux se désillerent.
Jupiter leur parut avec ces noirs sourcis
Qui font trembler les Cieux sur leurs Pôles assis.
« Grand Dieu ! dit Philémon, excusez nôtre faute :
Quels humains auroient crû recevoir un tel Hôte ?
Ces mets, nous l'avouons, sont peu delicieux ;
Mais quand nous serions Rois, que donner à des Dieux ?
C'est le cœur qui fait tout : que la terre et que l'onde
Aprêtent un repas pour les Maîtres du monde,
Ils luy prefereront les seuls presens du cœur. »
Baucis sort à ces mots pour reparer l'erreur.
Dans le verger couroit une perdrix privée,
Et par de tendres soins dés l'enfance élevée ;
Elle en veut faire un mets, et la poursuit en vain :
La volatille échape à sa tremblante main ;

Entre les pieds des Dieux elle cherche un asile.
Ce recours à l'oyseau ne fut pas inutile ;
Jupiter intercede. Et déja les valons   [monts.
Voyoient l'ombre en croissant tomber du haut des
Les Dieux sortent enfin, et font sortir leurs hôtes.
« De ce bourg, dit Jupin, je veux punir les fautes ;
Suivez-nous. Toy, Mercure, apelle les vapeurs.
O gens durs ! vous n'ouvrez vos logis ny vos cœurs ! »
Il dit, et les Autans troublent déja la plaine.
Nos deux Epoux suivoient ne marchans qu'avec peine ;
Un appuy de roseau soulageoit leurs vieux ans :
Moitié secours des Dieux, moitié peur, se hâtans,
Sur un mont assez proche enfin ils arriverent ;
A leurs pieds aussi-tôt cent nuages creverent.
Des ministres du Dieu les escadrons flottans
Entraînerent, sans choix, animaux, habitans,
Arbres, maisons, vergers, toute cette demeure ;
Sans vestige de bourg, tout disparut sur l'heure.
Les vieillards déploroient ces severes destins.
Les animaux perir ! car encor les humains,
Tous avoient dû tomber sous les celestes armes ;
Baucis en répandit en secret quelques larmes.
Cependant l'humble toict devient Temple, et ses murs
Changent leur fresle enduit aux marbres les plus durs,
De pilastres massifs les cloisons revétues
En moins de deux instans s'élevent jusqu'aux nues ;
Le chaume devient or, tout brille en ce pourpris.
Tous ces évenemens sont peints sur le lambris.
Loin, bien loin les tableaux de Zeuxis et d'Apelle !
Ceux-cy furent tracez d'une main immortelle.
Nos deux époux, surpris, étonnez, confondus,
Se crurent, par miracle, en l'Olimpe rendus.
« Vous comblez, dirent-ils, vos moindres creatures :
Aurions-nous bien le cœur et les mains assez pures
Pour presider icy sur les honneurs divins,

Et, Prêtres, vous offrir les vœux des Pelerins ? »
Jupiter exauça leur priere innocente.
« Helas ! dit Philémon, si vôtre main puissante
Vouloit favoriser jusqu'au bout deux mortels,
Ensemble nous mourrions en servant vos autels.
Cloton feroit d'un coup ce double sacrifice ;
D'autres mains nous rendroient un vain et triste office ;
Je ne pleurerois point celle-cy, ny ses yeux
Ne troubleroient non plus de leurs larmes ces lieux.»
Jupiter à ce vœu fut encor favorable :
Mais oseray-je dire un fait presque incroyable ?
Un jour qu'assis tous deux dans le sacré parvis
Ils contoient cette histoire aux Pelerins ravis,
La troupe à l'entour d'eux debout prêtoit l'oreille ;
Philémon leur disoit : « Ce lieu plein de merveille
N'a pas toûjours servi de temple aux Immortels :
Un bourg étoit autour, ennemy des autels,
Gens barbares, gens durs, habitacle d'impies ;
Du celeste couroux tous furent les hosties.
Il ne resta que nous d'un si triste débris :
Vous en verrez tantost la suite en nos lambris ;
Jupiter l'y peignit. » En contant ces annales,
Philémon regardoit Baucis par intervales ;
Elle devenoit arbre, et luy tendoit les bras :
Il veut luy tendre aussi les siens, et ne peut pas.
Il veut parler, l'écorce a sa langue pressée.
L'un et l'autre se dit adieu de la pensée :
Le corps n'est tantôt plus que feuillage et que bois.
D'étonnement la troupe, ainsi qu'eux, perd la voix.
Même instant, même sort à leur fin les entraîne ;
Baucis devient Tilleul, Philémon devient Chêne.
On les va voir encore, afin de meriter
Les douceurs qu'en hymen Amour leur fit goûter.
Ils courbent sous le poids des offrandes sans nombre.
Pour peu que des époux sejournent sous leur ombre,

Ils s'aiment jusqu'au bout, malgé l'effort des ans.
Ah! si... Mais autre-part j'ay porté mes presens.
Celebrons seulement cette metamorphose.
De fideles témoins m'ayant conté la chose,
Clio me conseilla de l'étendre en ces vers,
Qui pourront quelque jour l'apprendre à l'Univers.
Quelque jour on verra chez les races futures
Sous l'appuy d'un grand nom passer ces avantures.
Vendôme, consentez au los que j'en attens;
Faites-moy triompher de l'Envie et du Temps :
Enchaînez ces démons, que sur nous ils n'attentent,
Ennemis des Heros et de ceux qui les chantent.
Je voudrois pouvoir dire en un stile assez haut
Qu'ayant mille vertus vous n'avez nul défaut.
Toutes les celebrer seroit œuvre infinie;
L'entreprise demande un plus vaste génie :
Car quel mérite enfin ne vous fait estimer,
Sans parler de celuy qui force à vous aimer?
Vous joignez à ces dons l'amour des beaux ouvrages,
Vous y joignez un goût plus seur que nos suffrages,
Don du Ciel, qui peut seul tenir lieu des presens
Que nous font à regret le travail et les ans.
Peu de gens élevez, peu d'autres encor même,
Font voir par ces faveurs que Jupiter les aime.
Si quelque enfant des Dieux les possede, c'est vous;
Je l'ose dans ces vers soutenir devant tous.
Clio, sur son giron, à l'exemple d'Homere,
Vient de les retoucher, attentive à vous plaire :
On dit qu'elle et ses Sœurs, par l'ordre d'Apollon,
Transportent dans Anet tout le sacré Vallon ;
Je le crois. Puissions-nous chanter sous les ombrages
Des arbres dont ce lieu va border ses rivages!
Pussent-ils tout d'un coup élever leurs sourcis
Comme on vid autrefois Philémon et Baucis!

LES FILLES DE MINÉE

SUJET TIRÉ DES METAMORPHOSES D'OVIDE.

JE chante dans ces vers les filles de Minée,
Troupe aux arts de Pallas dés l'enfance adonnée,
Et de qui le travail fit entrer en courroux
Bacchus, à juste droit de ses honneurs jaloux.
Tout Dieu veut aux humains se faire reconnaître :
On ne voit point les champs répondre aux soins du
Si dans les jours sacrez, autour de ses guerets, [maître,
Il ne marche en triomphe à l'honneur de Céres.
La Grece étoit en jeux pour le fils de Sémele ;
Seules on vid trois sœurs condamner ce saint zele :
Alcithoé, l'aînée, ayant pris ses fuseaux, [nouveaux !
Dit aux autres : « Quoy donc ! toûjours des Dieux
L'Olympe ne peut plus contenir tant de têtes,
Ny l'an fournir de jours assez pour tant de Fêtes.
Je ne dis rien des vœux dûs aux travaux divers
De ce Dieu qui purgea de monstres l'Univers ;
Mais à quoy sert Bacchus, qu'à causer des querelles,
Affoiblir les plus sains, enlaidir les plus belles,
Souvent mener au Stix par de tristes chemins ?
Et nous irions chommer la peste des humains !
Pour moy, j'ay resolu de poursuivre ma tâche.

Se donne qui voudra ce jour-cy du relâche ;
Ces mains n'en prendront point. Je suis encor d'avis
Que nous rendions le temps moins long par des recits :
Toutes trois, tour à tour, racontons quelque histoire.
Je pourrois retrouver sans peine en ma memoire
Du Monarque des Dieux les divers changemens ;
Mais, comme chacun sçait tous ces évenemens,
Disons ce que l'Amour inspire à nos pareilles :
Non toutefois qu'il faille, en contant ses merveilles,
Acoûtumer nos cœurs à goûter son poison ;
Car, ainsi que Bacchus, il trouble la raison.
Récitons-nous les maux que ses biens nous attirent. »
Alcithoé se tut, et ses sœurs applaudirent.
Aprés quelques momens, haussant un peu la voix :
« Dans Thébes, reprit-elle, on conte qu'autrefois
Deux jeunes cœurs s'aymoient d'une égale tendresse :
Pyrame, c'est l'amant, eut Thisbé pour maîtresse.
Jamais couple ne fut si bien assorti qu'eux :
L'un bien-fait, l'autre belle, agreables tous deux,
Tous deux dignes de plaire, ils s'aymerent sans peine,
D'autant plustôt épris qu'une invincible haine,
Divisant leurs parens, ces deux amans unit,
Et concourut aux traits dont l'Amour se servit.
Le hazard, non le choix, avoit rendu voisines
Leurs maisons, où regnoient ces guerres intestines.
Ce fut un avantage à leurs desirs naissans.
Le cours en commença par des jeux innocens :
La premiere étincelle eut embrasé leur ame,
Qu'ils ignoroient encor ce que c'étoit que flâme.
Chacun favorisoit leurs transports mutuels,
Mais c'étoit à l'insceu de leurs parens cruels.
La défence est un charme : on dit qu'elle assaisonne
Les plaisirs, et sur tout ceux que l'Amour nous donne.
D'un des logis à l'autre elle instruisit du moins
Nos Amans à se dire avec signes leurs soins.

Ce leger reconfort ne les put satisfaire;
Il falut recourir à quelque autre mystere.
Un vieux mur entr'ouvert separoit leurs maisons;
Le temps avoit miné ses antiques cloisons :
Là souvent de leurs maux ils déploroient la cause
Les paroles passoient, mais c'étoit peu de chose.
Se plaignant d'un tel sort, Pirame dit un jour :
« Chere Thisbé, le Ciel veut qu'on s'aide en amour.
« Nous avons à nous voir une peine infinie;
« Fuyons de nos parens l'injuste tyrannie;
« J'en ay d'autres en Grece : ils se tiendront heureux
« Que vous daigniez chercher un azyle chez eux;
« Leur amitié, leurs biens, leur pouvoir, tout m'invite
« A prendre le parti dont je vous sollicite.
« C'est vôtre seul repos qui me le fait choisir,
« Car je n'ose parler, helas ! de mon desir.
« Faut-il à votre gloire en faire un sacrifice?
« De crainte des vains bruits faut-il que je languisse ?
« Ordonnez; j'y consens, tout me semblera doux;
« Je vous ayme, Thisbé, moins pour moy que pour
        vous.
— J'en pourrois dire autant, luy repartit l'amante :
« Vôtre amour étant pure encor que vehemente,
« Je vous suivray par tout; nôtre commun repos
« Me doit mettre au dessus de tous les vains propos :
« Tant que de ma vertu je seray satisfaite,
« Je riray des discours d'une langue indiscrete,
« Et m'abandonneray sans crainte à vôtre ardeur,
« Contente que je suis des soins de ma pudeur. »
Jugez ce que sentit Pirame à ces paroles.
Je n'en fais point icy de peintures frivoles :
Suppléez au peu d'art que le Ciel mit en moy;
Vous-mêmes peignez-vous cet Amant hors de soy.
« Demain, dit-il, il faut sortir avant l'Aurore;
« N'attendez point les traits que son char fait éclore.

« Tenez-vous aux degrez du terme de Cerès ;
« Là, nous nous attendrons : le rivage est tout prés,
« Une barque est au bord ; les Rameurs, le vent même,
« Tout pour nôtre départ montre une hâte extrême ;
« L'augure en est heureux, nôtre sort va changer,
« Et les Dieux sont pour nous, si je sçais bien juger. »
Thisbé consent à tout : elle en donne pour gage
Deux baisers, par le mur arrétez au passage.
Heureux mur ! tu devois servir mieux leur desir ;
Ils n'obtinrent de toy qu'une ombre de plaisir.
Le lendemain, Thisbé sort et prévient Pirame ;
L'impatience, helas ! maîtresse de son ame,
La fait arriver seule et sans guide aux degrez.
L'ombre et le jour lutoient dans les champs azurez.
Une lionne vient, monstre imprimant la crainte ;
D'un carnage recent sa gueulle est toute teinte.
Thisbé fuit, et son voile emporté par les airs,
Source d'un sort cruel, tombe dans ces déserts :
La lionne le void, le souille, le déchire,
Et, l'ayant teint de sang, aux forests se retire.
Thisbé s'étoit cachée en un buisson épais.
Pirame arrive, et void ces vestiges tout frais. [veines.
O Dieux ! que devient-il ? Un froid court dans ses
Il apperçoit le voile étendu dans ces plaines,
Il le leve, et le sang joint aux traces des pas
L'empêche de douter d'un funeste trépas.
« Thisbé, s'écria-t-il, Thisbé, je t'ay perdue !
« Te voila, par ma faute, aux Enfers descendue !
« Je l'ay voulu ; c'est moy qui suis le monstre affreux
« Par qui tu t'en vas voir le séjour tenebreux :
« Attens-moy, je te vais rejoindre aux rives sombres.
« Mais m'oseray-je à toy presenter chez les Ombres ?
« Jouis au moins du sang que je te vais offrir,
« Malheureux de n'avoir qu'une mort à souffrir. »
Il dit, et d'un poignard coupe aussitôt sa trame.

Thisbé vient, Thisbé void tomber son cher Pirame.
Que devint-elle aussi ? Tout luy manque à la fois,
Les sens et les esprits aussi bien que la voix.
Elle revient enfin ; Cloton, pour l'amour d'elle,
Laisse à Pirame ouvrir sa mourante prunelle.
Il ne regarde point la lumière des Cieux :
Sur Thisbé seulement il tourne encor les yeux.
Il voudroit luy parler : sa langue est retenue ;
Il témoigne mourir content de l'avoir veue.
Thisbé prend le poignard, et découvrant son sein :
« Je n'accuseray point, dit-elle, ton dessein,
« Bien moins encor l'erreur de ton ame alarmée :
« Ce seroit t'accuser de m'avoir trop aimée.
« Je ne t'aime pas moins : tu vas voir que mon cœur
« N'a non plus que le tien merité son malheur.
« Cher amant ! reçois donc ce triste sacrifice. »
Sa main et le poignard font alors leur office ;
Elle tombe, et, tombant, range ses vétemens,
Dernier trait de pudeur même aux derniers momens.
Les Nymphes d'alentour luy donnerent des larmes,
Et du sang des amans teignirent par des charmes
Le fruit d'un meurier proche, et blanc jusqu'à ce jour,
Eternel monument d'un si parfait amour. »
Cette histoire attendrit les Filles de Minée :
L'une accusoit l'amant, l'autre la destinée,
Et toutes d'une voix conclurent que nos cœurs
De cette passion devroient être vainqueurs.
Elle meurt quelquefois avant qu'être contente :
L'est-elle, elle devient aussi-tôt languissante.
Sans l'hymen on n'en doit recueillir aucun fruit,
Et cependant l'hymen est ce qui la détruit.
« Il y joint, dit Climene, une âpre jalousie,
Poison le plus cruel dont l'ame soit saisie :
Je n'en veux pour témoin que l'erreur de Procris.
Alcithoé, ma sœur, attachant vos esprits,

Des tragiques amours vous a conté l'élite ;
Celles que je vais dire ont aussi leur merite.
J'acourciray le temps, ainsi qu'elle, à mon tour.
Peu s'en faut que Phœbus ne partage le jour,
A ses rayons perçans opposons quelques voiles :
Voyons combien nos mains ont avancé nos toiles.
Je veux que sur la mienne, avant que d'être au soir,
Un progrez tout nouveau se fasse appercevoir.
Cependant donnez-moy quelque heure de silence,
Ne vous rebutez point de mon peu d'éloquence ;
Soufrez-en les défauts, et songez seulement
Au fruit qu'on peut tirer de cet évenement.

Cephale aymoit Procris ; il étoit aymé d'elle :
Chacun se proposoit leur hymen pour modelle.
Ce qu'Amour fait sentir de piquant et de doux
Combloit abondamment les vœux de ces époux.
Ils ne s'aymoient que trop ! leurs soins et leur tendresse
Aprochoient des transports d'amant et de maîtresse :
Le Ciel même envia cette felicité :
Cephale eut à combattre une Divinité.
Il étoit jeune et beau : l'Aurore en fut charmée,
N'étant pas à ces biens chez elle accoûtumée.
Nos belles cacheroient un pareil sentiment :
Chez les divinitez on en use autrement.
Celle-cy déclara ses pensers à Cephale.
Il eut beau luy parler de la foy conjugale :
Les jeunes Deïtez qui n'ont qu'un vieil époux
Ne se soûmettent point à ces loix comme nous :
La Déesse enleva ce Heros si fidele.
De moderer ses feux il pria l'Immortelle :
Elle le fit ; l'amour devint simple amitié.
« Retournez, dit l'Aurore, avec vôtre moitié ;
« Je ne troubleray plus vôtre ardeur ny la sienne :
« Recevez seulement ces marques de la mienne.

« (C’étoit un javelot toûjours seur de ses coups.)
« Un jour cette Procris qui ne vit que pour vous
« Fera le desespoir de vôtre ame charmée,
« Et vous aurez regret de l’avoir tant aymée. »
Tout Oracle est douteux, et porte un double sens :
Celuy-cy mit d’abord nôtre époux en suspens.
« J’auray regret aux vœux que j’ay formez pour elle !
« Eh comment ? n’est-ce point qu’elle m’est infidelle !
« Ah ! finissent mes jours plûtôt que de le voir !
« Eprouvons toutefois ce que peut son devoir. »
Des Mages aussi-tôt consultant la science,
D’un feint adolescent il prend la ressemblance,
S’en va trouver Procris, éleve jusqu’aux cieux
Ses beautez, qu’il soûtient être dignes des Dieux ;
Joint les pleurs aux soupirs, comme un amant sçait
Et ne peut s’éclaircir par cet art ordinaire. [faire,
Il falut recourir à ce qui porte coup,
Aux presens : il offrit, donna, promit beaucoup,
Promit tant, que Procris luy parut incertaine.
Toute chose a son prix. Voila Cephale en peine :
Il renonce aux citez, s’en va dans les forests ;
Conte aux vents, conte aux bois ses déplaisirs secrets ;
S’imagine en chassant dissiper son martire.
C’étoit pendant ces mois où le chaud qu’on respire
Oblige d’implorer l’haleine des Zephirs.
« Doux Vens, s’écrioit-il, prétez-moy des soupirs !
« Venez, legers démons par qui nos champs fleurissent ;
« Aure, fais-les venir, je sçai qu’ils t’obeïssent :
« Ton employ dans ces lieux est de tout r’animer. »
On l’entendit : on crut qu’il venoit de nommer
Quelque objet de ses vœux, autre que son épouse.
Elle en est avertie, et la voila jalouse.
Maint voisin charitable entretient ses ennuis.
« Je ne le puis plus voir, dit-elle, que les nuits !
« Il ayme donc cette Aure, et me quitte pour elle ?

« — Nous vous plaignons : il l'ayme, et sans cesse il
      l'appelle;
« Les échos de ces lieux n'ont plus d'autres emplois
« Que celuy d'enseigner le nom d'Aure à nos bois ;
« Dans tous les environs le nom d'Aure résonne.
« Profitez d'un avis qu'en passant on vous donne ;
« L'interest qu'on y prend est de vous obliger. »
Elle en profite, helas ! et ne fait qu'y songer.
Les amans sont toujours de legere croyance :
S'ils pouvoient conserver un rayon de prudence,
(Je demande un grand poinct, la prudence en amours)
Ils seroient aux rapports insensibles et sourds.
Nôtre épouse ne fut l'une ny l'autre chose.
Elle se leve un jour, et lors que tout repose,
Que de l'aube au teint frais la charmante douceur
Force tout au sommeil, horsmis quelque Chasseur,
Elle cherche Cephale ; un bois l'offre à sa veue.
Il invoquoit déja cette Aure prétendue :
« Vien me voir, disoit-il, chere Déesse, accours ;
« Je n'en puis plus, je meurs ; fay que par ton secours
« La peine que je sens se trouve soulagée. »
L'Epouse se prétend par ces mots outragée :
Elle croit y trouver, non le sens qu'ils cachoient,
Mais celuy seulement que ses soupçons cherchoient.
O triste jalousie ! ô passion amere,
Fille d'un fol amour, que l'erreur a pour mere !
Ce qu'on voit par tes yeux cause assez d'embaras,
Sans voir encor par eux ce que l'on ne void pas !
Procris s'étoit cachée en la même retraite
Qu'un fan de biche avoit pour demeure secrete.
Il en sort, et le bruit trompe aussi-tôt l'Epoux.
Cephale prend le dard toûjours seur de ses coups,
Le lance en cet endroit, et perce sa jalouse,
Malheureux assassin d'une si chere épouse !
Un cri luy fait d'abord soupçonner quelque erreur :

Il accourt, void sa faute ; et, tout plein de fureur,
Du même javelot il veut s'ôter la vie.
L'Aurore et les Destins arrêtent cette envie.
Cet office luy fut plus cruel qu'indulgent :
L'infortuné mari, sans cesse s'affligeant,
Eût accrû par ses pleurs le nombre des fontaines,
Si la Déesse enfin, pour terminer ses peines,
N'eût obtenu du Sort que l'on tranchât ses jours :
Triste fin d'un hymen bien divers en son cours !
Fuyons ce nœu, mes sœurs, je ne puis trop le dire :
Jugez par le meilleur quel peut être le pire.
S'il ne nous est permis d'aymer que sous ses loix,
N'aimons point. » Ce dessein fut pris par toutes trois,
Toutes trois, pour chasser de si tristes pensées,
A revoir leur travail se montrent empressées.
Clymene, en un tissu riche, penible et grand,
Avoit presque achevé le fameux different
D'entre le Dieu des eaux et Pallas la sçavante.
On voyoit en lointain une ville naissante ;
L'honneur de la nommer, entr'eux deux contesté,
Dépendoit du present de chaque Deïté.
Neptune fit le sien d'un symbole de guerre :
Un coup de son trident fit sortir de la terre
Un animal fougueux, un coursier plein d'ardeur.
Chacun de ce present admiroit la grandeur.
Minerve l'effaça, donnant à la contrée
L'Olivier, qui de paix est la marque assurée.
Elle emporta le prix, et nomma la cité :
Athene offrit ses vœux à cette Deïté.
Pour les luy presenter on choisit cent pucelles,
Toutes sçachant broder, aussi sages que belles.
Les premieres portoient force presens divers,
Tout le reste entouroit la Déesse aux yeux pers.
Avec un doux souris elle acceptoit l'hommage.
Clymene ayant enfin reployé son ouvrage,

La jeune Iris commence en ces mots son recit :

« Rarement pour les pleurs mon talent réüssit ;
Je suivray toutefois la matiere imposée.
Telamon pour Cloris avoit l'ame embrasée :
Cloris pour Telamon brûloit de son côté ;
La naissance, l'esprit, les graces, la beauté,
Tout se trouvoit en eux, hormis ce que les hommes
Font marcher avant tout dans ce siecle où nous som-
Ce sont les biens, c'est l'or, merite universel. [mes :
Ces amans, quoy qu'épris d'un desir mutuel,
N'osoient au blond Hymen sacrifier encore,
Faute de ce métail que tout le monde adore.
Amour s'en passeroit ; l'autre état ne le peut.
Soit raison, soit abus, le Sort ainsi le veut.
Cette loy, qui corrompt les douceurs de la vie,
Fut par le jeune amant d'une autre erreur suivie :
Le Démon des combats vint troubler l'Univers :
Un pays contesté par des peuples divers
Engagea Telamon dans un dur exercice ;
Il quita pour un temps l'amoureuse milice.
Cloris y consentit, mais non pas sans douleur ;
Il voulut meriter son estime et son cœur.
Pendant que ses exploits terminent la querelle,
Un parent de Cloris meurt, et laisse à la belle
D'amples possessions et d'immenses tresors.
Il habitoit les lieux où Mars regnoit alors.
La belle s'y transporte, et, par tout reverée,
Par tout des deux partis Cloris considerée
Void de ses propres yeux les champs où Telamon
Venoit de consacrer un trophée à son nom.
Luy de sa part accourt, et, tout couvert de gloire,
Il offre à ses amours les fruits de sa victoire.
Leur rencontre se fit non loin de l'élement
Qui doit être évité de tout heureux amant.

Dés ce jour l'âge d'or les eût joints sans mystere ;
L'âge de fer en tout a coutume d'en faire.
Cloris ne voulut donc couronner tous ces biens
Qu'au sein de sa patrie, et de l'aveu des siens.
Tout chemin, hors la mer, alongeant leur souffrance,
Ils commettent aux flots cette douce esperance.
Zephyre les suivoit, quand, presque en arrivant,
Un Pirate survient, prend le dessus du vent,
Les attaque, les bat. En vain par sa vaillance
Telamon jusqu'au bout porte la résistance :
Aprés un long combat son parti fut défait,
Luy pris, et ses efforts n'eurent pour tout effet
Qu'un esclavage indigne. O dieux ! qui l'eût pû croire?
Le sort, sans respecter ny son sang ny sa gloire,
Ny son bon-heur prochain, ny les vœux de Cloris,
Le fit être forçat aussi-tôt qu'il fut pris.
Le destin ne fut pas à Cloris si contraire.
Un celebre Marchand l'achete du Corsaire :
Il l'emmeine, et bien-tôt la belle, malgré soy,
Au milieu de ses fers range tout sous sa loy.
L'épouse du Marchand la void avec tendresse :
Ils en font leur compagne, et leur fils sa maîtresse.
Chacun veut cet hymen : Cloris à leurs desirs
Répondoit seulement par de profonds soupirs.
Damon, c'étoit ce fils, luy tient ce doux langage :
« Vous soûpirez toûjours ; toûjours vôtre visage
« Baigné de pleurs nous marque un déplaisir secret.
« Qu'avez-vous? vos beaux yeux verroient-ils à regret
« Ce que peuvent leurs traits et l'excez de ma flâme ?
« Rien ne vous force icy : découvrez-nous vôtre ame :
« Cloris, c'est moy qui suis l'esclave, et non pas vous.
« Ces lieux, à vôtre gré, n'ont-ils rien d'assez doux ?
« Parlez ; nous sommes prêts à changer de demeure :
« Mes parens m'ont promis de partir tout à l'heure.
« Regretez-vous les biens que vous avez perdus ?

« Tout le nôtre est à vous, ne le dédaignez plus.
« J'en sçay qui l'agréroient; j'ay sceu plaire à plus d'une:
« Pour vous, vous meritez toute une autre fortune.
« Quelle que soit la nôtre, usez-en : vous voyez
« Ce que nous possedons et nous même à vos pieds. »
Ainsi parle Damon, et Cloris toute en larmes
Luy répond en ces mots accompagnez de charmes :
« Vos moindres qualitez et cet heureux sejour
« Même aux filles des Dieux donneroient de l'amour;
« Jugez donc si Cloris, esclave et malheureuse,
« Void l'offre de ces biens d'une ame dédaigneuse.
« Je sçay quel est leur prix ; mais de les accepter,
« Je ne puis, et voudrois vous pouvoir écouter.
« Ce qui me le défend, ce n'est point l'esclavage :
« Si toujours la naissance éleva mon courage, [puis
« Je me vois, grace aux Dieux, en des mains où je
« Garder ces sentimens, malgré tous mes ennuis ;
« Je puis même avouer (helas ! faut-il le dire ?)
« Qu'un autre a sur mon cœur conservé son empire.
« Je cheris un amant ou mort ou dans les fers ;
« Je prétens le cherir encor dans les enfers.
« Pourriez-vous estimer le cœur d'une inconstante ?
« Je ne suis déja plus aimable ny charmante ;
« Cloris n'a plus ces traits que l'on trouvoit si doux,
« Et, doublement esclave, est indigne de vous. »
Touché de ce discours, Damon prend congé d'elle.
« Fuyons, dit-il en soy ; j'oublieray cette Belle :
« Tout passe, et même un jour ses larmes passeront ;
« Voyons ce que l'absence et le temps produiront. »
A ces mots il s'embarque, et, quittant le rivage,
Il court de mer en mer, aborde un lieu sauvage,
Trouve des malheureux de leurs fers échapez,
Et sur le bord d'un bois à chasser occupez.
Telamon, de ce nombre, avoit brisé sa chaîne :
Aux regards de Damon il se presente à peine,

Que son air, sa fierté, son esprit, tout enfin
Fait qu'à l'abord Damon admire son destin,
Puis le plaint, puis l'emmeine, et puis luy dit sa flame.
« D'une esclave, dit-il, je n'ay pû toucher l'ame :
« Elle cherit un mort ! Un mort, ce qui n'est plus,
« L'emporte dans son cœur ! mes vœux sont super-
Là-dessus, de Cloris il luy fait la peinture. [« flus. »
Telamon dans son ame admire l'avanture,
Dissimule, et se laisse emmener au sejour
Où Cloris luy conserve un si parfait amour.
Comme il vouloit cacher avec soin sa fortune,
Nulle peine pour luy n'étoit vile et commune.
On apprend leur retour et leur débarquement ;
Cloris, se presentant à l'un et l'autre amant,
Reconnoît Telamon sous un faix qui l'accable.
Ses chagrins le rendoient pourtant méconnoissable ;
Un œil indifferent à le voir eût erré,
Tant la peine et l'amour l'avoient défiguré.
Le fardeau qu'il portoit ne fut qu'un vain obstacle ;
Cloris le reconnoît, et tombe à ce spectacle :
Elle perd tous ses sens et de honte et d'amour.
Telamon, d'autre part, tombe presque à son tour.
On demande à Cloris la cause de sa peine :
Elle la dit ; ce fut sans s'attirer de haine.
Son recit ingenu redoubla la pitié
Dans des cœurs prevenus d'une juste amitié.
Damon dit que son zele avoit changé de face :
On le crut. Cependant, quoy qu'on dise et qu'on fasse,
D'un triomphe si doux l'honneur et le plaisir
Ne se perd qu'en laissant des restes de desir.
On crut pourtant Damon ; il restreignit son zele
A sceller de l'hymen une union si belle,
Et par un sentiment à qui rien n'est égal,
Il pria ses parens de doter son rival.
Il l'obtint, renonçant dés lors à l'hymenée.

Le soir étant venu de l'heureuse journée,
Les nopces se faisoient à l'ombre d'un ormeau :
L'enfant d'un voisin vid s'y percher un corbeau ;
Il fait partir de l'arc une fleche maudite,
Perce les deux Epoux d'une atteinte subite.
Cloris mourut du coup, non sans que son amant
Attirât ses regards en ce dernier moment.
Il s'écrie, en voyant finir ses destinées :
« —Quoy ! la Parque a tranché le cours de ses années !
« Dieux, qui l'avez voulu, ne suffisoit-il pas
« Que la haine du Sort avançât mon trépas ? »
En achevant ces mots, il acheva de vïvre :
Son amour, non le coup, l'obligea de la suivre ;
Blessé legerement, il passa chez les morts :
Le Styx vid nos époux accourir sur ses bords.
Même accident finit leurs precieuses trames ;
Même tombe eut leurs corps, même sejour leurs ames.
Quelques-uns ont écrit (mais ce fait est peu seur)
Que chacun d'eux devint statue et marbre dur.
Le couple infortuné face à face repose.
Je ne garantis point cette métamorphose :
On en doute.—On la croit plus que vous ne pensez,
Dit Clymene ; et, cherchant dans les siecles passez
Quelque exemple d'amour et de vertu parfaite,
Tout cecy me fut dit par un sage interprete.
J'admiray, je plaignis ces amans malheureux :
On les alloit unir, tout concouroit pour eux ;
Ils touchoient au moment, l'attente en étoit sûre :
Helas ! il n'en est point de telle en la nature ;
Sur le poinct de jouir, tout s'enfuit de nos mains :
Les Dieux se font un jeu de l'espoir des humains.
—Laissons, reprit Iris, cette triste pensée.
La Fête est vers sa fin, grace au Ciel, avancée,
Et nous avons passé tout ce temps en récits
Capables d'aflfiger les moins sombres esprits !

Effaçons, s'il se peut, leur image funeste.
Je prétends de ce jour mieux employer le reste,
Et dire un changement, non de corps, mais de cœur.
Le miracle en est grand ; Amour en fut l'auteur :
Il en fait tous les jours de diverse maniere.
Je changeray de stile en changeant de matiere.

Zoon plaisoit aux yeux, mais ce n'est pas assez :
  Son peu d'esprit, son humeur sombre,
  Rendoient ces talens mal-placez.
Il fuyoit les citez, il ne cherchoit que l'ombre,
Vivoit parmy les bois, concitoyen des ours,
Et passoit sans aymer les plus beaux de ses jours.
Nous avons condamné l'amour, m'allez-vous dire.
J'en blâme en nous l'excés, mais je n'aprouve pas
  Qu'insensible aux plus doux appas
  Jamais un homme ne soûpire.
Hé quoy ! ce long repos est-il d'un si grand prix ?
Les morts sont donc heureux ? Ce n'est pas mon avis :
Je veux des passions ; et si l'état le pire
  Est le neant, je ne sçay point
De neant plus complet qu'un cœur froid à ce poinct.
Zoon n'aymant donc rien, ne s'aymant pas luy-même,
Vid Iole endormie, et le voila frapé :
  Voila son cœur dévelopé.
  Amour, par son sçavoir suprême,
Ne l'eut pas fait amant qu'il en fit un heros.
Zoon rend grace au Dieu qui troubloit son repos :
Il regarde en tremblant cette jeune merveille.
  A la fin Iole s'éveille :
  Surprise et dans l'étonnement,
  Elle veut fuir, mais son amant
  L'arréte, et luy tient ce langage :
« Rare et charmant objet, pourquoy me fuyez-vous ?
« Je ne suis plus celuy qu'on trouvoit si sauvage :

« C'est l'effet de vos traits, aussi puissans que doux !
« Ils m'ont l'ame et l'esprit et la raison donnée.
 « Souffrez que, vivant sous vos loix,
« J'employe à vous servir des biens que je vous dois. »
Iole, à ce discours encor plus étonnée,
Rougit, et sans répondre elle court au hameau,
Et raconte à chacun ce miracle nouveau.
Ses compagnes d'abord s'assemblent autour d'elle :
Zoon suit en triomphe, et chacun applaudit.
Je ne vous diray point, mes sœurs, tout ce qu'il fit,
 Ny ses soins pour plaire à la belle.
Leur hymen se conclut. Un Satrape voisin,
 Le propre jour de cette fête,
 Enleve à Zoon sa conquête ;
On ne soupçonnoit point qu'il eût un tel dessein.
Zoon accourt au bruit, recouvre ce cher gage,
Poursuit le ravisseur, et le joint, et l'engage
 En un combat de main à main.
Iole en est le prix aussi bien que le juge.
Le Satrape vaincu trouve encor du refuge
 En la bonté de son rival.
Helas ! cette bonté luy devint inutile ;
Il mourut du regret de cet hymen fatal :
Aux plus infortunez la tombe sert d'azile.
Il prit pour heritiere, en finissant ses jours,
Iole, qui mouilla de pleurs son Mausolée.
Que sert-il d'être plaint quand l'ame est envolée ?
Ce Satrape eût mieux fait d'oublier ses amours. »

La jeune Iris à peine achevoit cette histoire,
Et ses sœurs avouoient qu'un chemin à la gloire,
C'est l'amour ; on fait tout pour se voir estimé :
Est-il quelque chemin plus court pour être aymé ?
Quel charme de s'oüir louer par une bouche [che !
Qui, même sans s'ouvrir, nous enchante et nous tou-

Ainsi disoient ces Sœurs. Un orage soudain
Jette un secret remors dans leur profane sein.
Bacchus entre, et sa cour, confus et long cortege :
« Où sont, dit-il, ces sœurs à la main sacrilege ?
« Que Pallas les défende, et vienne en leur faveur
« Opposer son Ægide à ma juste fureur :
« Rien ne m'empêchera de punir leur offence.
« Voyez : et qu'on se rie aprés de ma puissance ! »
Il n'eut pas dit, qu'on vid trois monstres au plancher,
Aislez, noirs et velus, en un coin s'attacher.
On cherche les trois sœurs ; on n'en void nulle trace.
Leurs métiers sont brisez ; on éleve en leur place
Une Chapelle au Dieu pere du vray nectar.
Pallas a beau se plaindre, elle a beau prendre part
Au destin de ces sœurs par elle protegées ;
Quand quelque Dieu, voyant ses bontez negligées,
Nous fait sentir son ire, un autre n'y peut rien :
L'Olimpe s'entretient en paix par ce moyen.
Profitons, s'il se peut, d'un si fameux exemple, [Temple
Chommons : c'est faire assez qu'aller de Temple en
Rendre à chaque Immortel les vœux qui luy sont dus :
Les jours donnez aux Dieux ne sont jamais perdus.

FIN.

NOTES

TOME I.

Page 1. *Avertissement*. Se trouve en tête des *Nouvelles en vers tirées de Bocace et de l'Arioste, par M. D. L. F. Paris, Claude Barbin*, 1665, in-12. Ce volume contient seulement : *le Cocu battu et content, Joconde*, et la *Matrone d'Éphèse*, en prose, imitée de Petrone par Saint-Évremond.

P. 3. *Préface de la première partie*. Publiée en 1665.

P. 7. *Joconde*. Imité de l'Arioste, *Orlando furioso*, canto xxviii. On connaît la dissertation de Boileau sur ce conte.

P. 22. *Richard Minutolo*. Imité de Boccace, *Decameron*, giornata iii, novella 6.

P. 29. *Le Cocu battu et content*. Tiré de Boccace, *Decameron*, giornata vii, novella 7. C'est le fabliau *De la Borgoise d'Orliens*. Voy. le Recueil de Barbazan, édition Méon, t. iii, p. 161, et Le Grand d'Aussy, t. iv, p. 294. La même histoire ou d'autres analogues se trouvent dans les *Cent Nouvelles nouvelles*, nouv. lxxxviii ; dans les *Convivales Sermones* ; dans les Facéties de Pogge, de Frischlinus, de Domenichi ; dans Malespini, Bandello, les *Facétieuses Journées*, etc.

P. 33. *Le Mary confesseur*. Tiré des *Cent Nouvelles nouvelles*, nouv. lxxviii. Voyez le fabliau *Du Chevalier qui fit sa femme confesse* (Barbazan, iii, 229 ; Le Grand d'Aussy, iv, 132). Voir aussi Boccace, *Decameron*, giornata vii, nov. 5 ; Bandello, Malespini, etc.

P. 35. *Conte d'une chose arrivée à Chasteau-Thierry*. Depuis l'édition d'*Amsterdam, Henri Desbordes*, 1685, on a intitulé ce conte *le Savetier*. On trouve des récits analogues dans les fabliaux et dans les conteurs.

P. 36. *Conte tiré d'Athenée*. Publié d'abord avec les épigrammes de J.-B. Rousseau, ce conte a été joint, en 1817, aux Œuvres de La Fontaine, sous le titre de *la Vénus Callipyge*.

P. 37. *Conte tiré d'Athenée*. Dans l'édition de 1685, il est intitulé *les Deux Amis*.

P. 37. *Autre conte tiré d'Athenée*. Dans l'édition de 1685, il est intitulé *le Glouton*.

P. 38. *Conte de*****. Publié d'abord dans les *Plaisirs de la poésie galante, gaillarde et amoureuse*. A partir de l'édition hollandaise de 1685, on l'a intitulé *Sœur Jeanne*.

P. 38. *Conte du Juge de Mesle*. Ce juge était proche parent de Bridoye, qui « sententioit les procez au sort des dez. » Voy. *Pantagruel*, liv. III, chap. 39 et suiv. Voir aussi Straparole, nuit XIII, fable 10; Morlini, nouv. LXVIII.

P. 39. *Conte d'un paysan qui avoit offensé son seigneur*. Le sujet de ce conte paraît tiré d'une comédie de Bruno Nolano, *il Candelaio*, traduite en français et publiée en 1633 sous le titre de *Boniface et le Pédant*. Molière, pour un intermède du *Malade imaginaire*, s'est probablement inspiré de La Fontaine. Voy. le curieux ouvrage de M. Louis Moland, *Molière et la Comédie italienne*, Paris, Didier, 1867, p. 105 et suiv.

P. 40, v. 24. « *Haro, la gorge m'ard!* » Ce fragment de vers est emprunté de Villon. Voy. mon édition, p. 70.

P. 43. *Préface de la Deuxiesme Partie*. Publiée en 1666.

P. 47. *Le Faiseur d'oreilles et le Raccommodeur de moules*. Le *Faiseur d'oreilles* est tiré des *Cent Nouvelles nouvelles*, nouvelle III. Le *Raccommodeur de moules* est imité de Boccace, *Decameron*, giornata VIII, novella 8.

Les deux contes sont réunis et agréablement racontés dans Straparole, nuit VI, fable 1. Voy. aussi Des Périers, nouv. IX; Aloyse Cinthio, *Della origine delli volgari proverbi*, prov. XVI; G. Bouchet, serée 32.

P. 53. *Les Frères de Catalogne*. Tiré des *Cent Nouvelles nouvelles*, nouv. XXXII. Ce conte, imprimé d'abord en Hollande, en 1666, fut publié par La Fontaine en 1669.

P. 61. *Le Berceau*. Tiré de Boccace (*Decameron*, giornata IX, novella 6), qui n'avait guère fait que traduire le fabliau *De Gombert et des deux clercs*. (Barbazan, III, 238.)

P. 67. *Le Muletier*. Tiré de Boccace, *Decameron*, giornata III, novella 2. Ce conte a quelque rapport avec le fabliau *De la dame qui fit accroire à son mari qu'il avoit rêvé*. (Le Grand d'Aussy, II, 340.)

P. 71. *L'Oraison de S. Julien*. Imité de Boccace, *Decameron*, giornata II, novella 2. La légende de saint Julien se trouve dans la *Légende dorée*, de Jacques de Voragine, hist. XXXII, et dans le *Violier des histoires romaines*, édition de la *Bibliothèque elzevirienne*, p. 58.

P. 82. *La Servante justifiée*. Conte tiré de l'*Heptameron de la reine de Navarre*, journée V, nouvelle 5.

P. 86. *La Gageure des Trois Commères*. Ici La Fontaine a fondu ensemble deux nouvelles de Boccace, la 8e et la 9e de la VIIe journée. Dans le fabliau *Des trois Dames qui trouvèrent l'anel* (Barbazan, III, 220; Le Grand d'Aussy, IV, 192), le pari est le même, mais les ruses des femmes sont différentes. Des contes analogues se trouvent dans Bebelius, dans les *Convivales Sermones*, dans Domenichi, dans les *Contes du sieur d'Ouville* et ailleurs.

P. 96. *Le Calendrier des Vieillards*. Tiré de Boccace, *Decameron*, giornata II, novella 10.

P. 104. *A femme avare galant escroc*. Tiré de Boc-

cace, *Decameron*, giornata VIII, novella 1. Ce conte a
de l'analogie avec le fabliau *Du Bouchier d'Abeville*,
avec la XVIIIe des *Cent Nouvelles nouvelles*, avec un
conte de Chaucer et avec l'*Anser venalis* du Pogge.

P. 106. *On ne s'avise jamais de tout.* Tiré des *Cent
Nouvelles nouvelles*, nouvelle XXXVII.

P. 108. *Le Villageois qui cherche son veau.* Tiré des
Cent Nouvelles nouvelles, nouvelle XII. Voir dans les
Facéties du Pogge un conte analogue, *Asinus perditus*.

P. 108. *L'Anneau d'Hans Carvel.* Tiré de Rabelais,
Pantagruel, livre III, chap. 28. Se trouve aussi dans
les *Cent Nouvelles nouvelles*, nouv. XI, et dans les Facéties du Pogge.

P. 110. *Le Gascon puni.* Voir Parabosco, *Novelle*,
Venetia, 1547, in-8, journ. 1, nouv. 2; Bonaventure
Des Périers, nouv. CXXVIII; Scarron, *la Précaution
inutile.*

P. 113. *La Fiancée du Roy de Garbe.* Imité de
Boccace, journ. II, nouv. 7. *Garb*, en arabe, signifie
occident. *Algarve* est le même mot précédé de l'article. Ce conte a probablement une origine orientale.

P. 137. *L'Hermite.* Tiré de Boccace, *Decameron*,
giornata IV, novella 2. Se trouve aussi dans les *Cent
Nouvelles nouvelles*, nouv. XIV.

P. 143. *Mazet de Lamporechio.* Tiré de Boccace,
Decameron, giornata III, novella 1.

P. 152. *Troisiesme partie.* Publiée en 1671.

P. 152. *Les Oyes de frère Philippe.* Boccace, *Decameron*, giornata IV, dans le Préambule.

P. 156. *La Mandragore.* Imité d'une comédie de
Machiavel, intitulée *Mandragola*.

P. 165. *Les Rémois.* C'est le fabliau *De Constant du
Hamel* (Barbazan, III, 296; Le Grand d'Aussy, IV, 246);
mais La Fontaine n'a pas eu la peine d'aller le chercher
dans les manuscrits. On le trouve plus ou moins modifié
dans Boccace, journée VIII, nouv. 8; dans Bandello,
part. III, nouv. 20; Straparole, IIe nuit, fable 5; San-

sovino, journée ix, nouv. 8 ; dans Guillaume Bouchet, serée 32, etc.

P. 172. *La Coupe enchantée*. Tiré de l'Arioste, *Orlando furioso*, canti XLII-XLIII. C'est une imitation d'un roman d'aventures du moyen âge, le *Manteau mal taillé*.

P. 186. *Le Faucon*. Tiré de Boccace, *Decameron*, giornata v, novella 9.

P. 195. V. *Boccace en rapporte un*. C'est la première nouvelle de la cinquième journée du *Decameron*. La Fontaine traitera lui-même ce sujet plus tard, dans *Les Filles de Minée* (histoire de Zoon).

P. 203. *Nicaise*. Tiré de Girolamo Brusoni, *Novelle amorose*, nov. 11.

P. 211. *Le Bast*. Tiré du *Formulaire fort recreatif* de Bredin le Cocu, du *Moyen de parvenir*, ou des *Contes* du sieur d'Ouville.

P. 213. *Imitation d'Anacréon*. Odes 28 et 29.

P. 213. *Autre imitation d'Anacréon*. Ode 3.

P. 215. *Le Petit Chien qui secoue de l'argent et des pierreries*. Tiré de l'Arioste, *Orlando furioso*, canto XLIII.

TOME II.

P. 5. *Nouveaux Contes (quatriesme partie)*. La première édition de ces contes parut en 1674, sous la rubrique de *Mons*.

P. 9. *L'Abbesse*. Dans l'édition de 1685 et dans les suivantes, ce conte est intitulé : *l'Abbesse malade*. Il est iré des *Cent Nouvelles nouvelles*, nouv. XXI. Voy. Guillaume Bouchet, serée 3.

P. 13. *Les Trocqueurs*. On suppose que c'est le récit d'une aventure du temps. Ce conte parut d'abord séparément, en 8 pages in-8, sans lieu ni date.

P. 23. *Le Diable de Papefiguière*. Imité de Rabelais, liv. IV, chap. XLVI.

P. 28. *Féronde, ou le Purgatoire.* Voy. Boccace, *Decameron*, giorn. III, nov. 8, et le fabliau du *Vilain de Bailleul* (Le Grand d'Aussy, IV, 218). On trouve des contes analogues dans Bonaventure Des Périers, le Pogge, Grazzini, etc.

P. 35. *Le Psautier.* Tiré de Boccace, *Decameron*, giornata IX, novella 2. Se trouve aussi dans Morlini, nouv. XL.

P. 39. *Le Roy Candaule et le Maître en droit.* L'aventure du roi Candaule est racontée par Hérodote, liv. I.

P. 49. *Le Diable en enfer.* Tiré de Boccace, *Decameron*, giorn. III, novella 10. Le tour de force entrepris par le jeune ermite rappelle les mortifications que s'imposait Robert d'Arbrissel, fondateur de l'abbaye de Fontevrault.

P. 55. *La Jument du compère Pierre.* Imité de Boccace (*Decameron*, journée IX, nouv. 10), qui avait trouvé le sujet dans un fabliau de Rutebeuf, *De la dame qui volt voler* (Barbazan, IV, 271; Le Grand d'Aussy, IV, 318).

P. 61. *Pasté d'anguille.* Tiré des *Cent Nouvelles nouvelles*, nouvelle X.

P. 65. *Les Lunettes.* La première partie de ce conte, jusqu'à l'aventure des lunettes, se trouve dans Bonaventure des Périers, nouv. LXII.

P. 71. *Le Cuvier.* Tiré du *Decameron*, journée VII, nouv. 2. Boccace l'avait pris dans Apulée, liv. IX. Se trouve aussi dans Morlini, nouv. XXXV. Il y a un fabliau du *Cuvier* (Barbazan, III, 91), mais l'histoire n'est pas la même.

P. 75. *Ce qu'un duc autrefois trouva si précieux*
    Qu'il voulut l'honorer d'une chevalerie.

Il s'agit ici de l'ordre de la Toison d'or, institué en 1430 par Philippe le Bon, duc de Bourgogne.

P. 76. *Le Magnifique.* Tiré de Boccace, *Decameron*, giornata III, novella 5.

P. 82. *Le Tableau*. Tiré des *Ragionamenti* de l'Arétin, giornata 1.

P. 91. *Cinquiesme partie*. Les contes publiés sous ce titre n'ont jamais été réunis par La Fontaine. Les cinq premiers, ainsi que *Philémon et Baucis* et *les Filles de Minée*, font partie des *Ouvrages de prose et de poésie des sieurs de Maucroix et de La Fontaine*. *Paris, Claude Barbin*, 1685, 2 vol. in-12. *La Matrone d'Ephèse* et *Belphégor* parurent à la suite du *Poëme du Quinquina, Paris,* 1682. Le conte des *Quiproquo* parut pour la première fois dans les *Œuvres posthumes de M. de La Fontaine*, 1696, in-12.

P. 93. *Le Fleuve Scamandre*. Tiré de la dixième des Lettres grecques attribuées à l'orateur Eschine.

P. 97. *La Confidente sans le sçavoir*. Tiré de Boccace, *Decameron*, nuit III, nouv. 3. Dans Bonaventure Des Périers, n° CXIV (édition Louis Lacour, p. 355), comme dans Boccace, la dame arrive à ses fins par l'entremise de son confesseur.

P. 105. *Les Aveus indiscrets*. Dans les *Cent Nouvelles nouvelles*, nouvelle VIII, une nouvelle mariée fait un aveu de ce genre à son mari, la première nuit de ses noces. — Voir aussi Guillaume Bouchet, serée 5, édition de Lyon, 1608, t. I, f. 136, 171 et 173.

P. 107. *La Matrone d'Ephèse*. Imité de Petrone. Se trouve aussi dans Apulée et ailleurs. Voir le fabliau *De celle qui se fit... sus la fosse son mari* (Barbazan, III, 462; Le Grand d'Aussy, III, 328).

P. 116. *Belphegor*. Imité de Machiavel. La nouvelle de Machiavel parut d'abord à Rome, en 1545, dans un recueil intitulé : *Rime et Prose*, publié par Giov. Brevio. La traduction de Tanneguy Lefebvre, publiée à Niort en 1664, sur laquelle La Fontaine a dû travailler, fait partie des *Contes fantastiques* de la *Nouvelle Collection Jannet*. Le même sujet a été traité par Doni, Straparole (voy. l'édition de la *Bibliothèque elzevirienne*, 1857, I, 131); Sansovino (1561, nouv. 64). On le trouve aussi dans *les Facétieuses Journées*, journ. III, conte 3.

P. 125. *Les Quiproquo*. C'est le fabliau *Du Meunier d'Aleus* (Le Grand d'Aussy, III, 256). On le retrouve dans Pogge, Sacchetti, les *Cent Nouvelles nouvelles*, nouv. IX; dans l'*Heptameron*, nouv. VIII; Guillaume Bouchet, serée 8, et dans plusieurs autres recueils.

P. 134. *Philemon et Baucis*. Imité des *Métamorphoses d'Ovide*, liv. VIII.

P. 139. *Les Filles de Minée*. L'histoire des amours de Pyrame et de Thisbé est tirée des *Métamorphoses d'Ovide*, liv. IV; celle de Céphale et de Procris, des *Métamorphoses*, liv. VII; celle de Telamon et de Chloris, d'une inscription supposée; celle de Zoon, du *Decameron*, journée V, nouv. I.

GLOSSAIRE-INDEX

A.

A bien (*mettre*). C'est ce que nous appelons maintenant *mettre à mal*. « Encor faut-il du temps pour mettre un cœur à bien. » Tome I, p. 15.

Abbé blanc. II, 30, 33. Abbé de moines blancs, prémontrés, dominicains.

Accommoder (*s'*) d'une chose, s'entendre sur une chose. I, 17.

ADON, Adonis. I, 12.

Affiquets. I, 99.

Affolé, blessé. II, 28.

Affronter, tromper. I, 158.

Aggravé, chargé de sommeil. « Et les yeux encore aggravez. » I, 110.

Agnès, fille innocente, niaise. « Des Agnès mesme les plus sottes. » II, 82.

Aguimpées, vêtues de guimpes. I, 144.

Aillade, repas d'ail. I, 40.

Aix, ais. II, 135.

Alencontre, à l'encontre. I, 140.

Alentour, autour. I, 149.

ALLEMAGNE. I, 126.

Amadis. Roman célèbre, traduit de l'espagnol, au seizième siècle, par Nic. de Herberay, Jacques Gohorry, etc. I, 1.

Amble (*cheval d'*), cheval qui va l'amble. II, 78.

Ambroise, ambroisie. II, 15.

Amour, employé au féminin singulier. II, 110.

Anacréon. I, 213.

Ancienne, titre donné à des religieuses. II, 12.

Anciens (*les*). I, 45.

Anet. II, 138. Château à quatre lieues de Dreux, bâti sous le règne de Henri II, et qui, après avoir appartenu à Diane de Poitiers, était devenu la propriété du duc de Vendôme.

Anguillade. II, 71.

Antique, vieille. II, 66.

Apelle. II, 136.

Aprest, embarras. I, 168.

Ard, brûle. I, 40.

Arioste. I, 1, 5, 7, 172.

Arréts d'amours, I, 4. Ouvrage célèbre de Martial d'Auvergne.

Arrouser, arroser. II, 73.

Assiner, assigner, destiner. « Des champs heureux qu'assine à ses élus le faux Mahom. » II, 29.

Athénée. I, 36.

Atournée, ornée, parée. I, 162.

Attendantes, celles qui attendent. II, 86.

Aucuns, certains, quelques-uns. I, 72 ; II, 22.

Aumaille, bêtes à cornes. II, 10.

Aumonier, celui qui fait l'aumône. I, 110.

Aure. II, 145.

Autans. II, 136.

Avint, il advint. II, 14.

B.

Bachelette, jeune fille. II, 92.

Bachelier. II, 84, 91. Jeune homme, « jouvenceau. »

Badinage, malice, tour subtil. I, 34.

Bail. « Pourquoi bail ? » Voir l'explication de La Fontaine. II, 77.

Baillie, femme du bailly. I, 59.

Baler, danser. I, 22.

Barbon, vieillard. I, 228 ; II, 18.

Bas breton, langage inintelligible. II, 57.

Basme, baume. II, 15.

Bastant, suffisant. I, 80.

Bavette (*être à la*). I, 175.

Beau fils. II, 84.

Beguin, bonnet d'enfant. I, 143.

Benoist, béni, bienheureux. « Au benoist estat de cocu. » II, 47.

Besogne, affaire. II, 59.

Besognes, hardes, vêtements. I, 89.

Bestiole, petite bête. II, 6.

Bien de couchette, femme. II, 62.

Biẓe, noire, brune. II, 61.

Blanc. Prov. « faire blanc de son épée. » II, 51.

Blanchir (*ne faire que*). Prov. I, 188.

Blondin (*un*) jeune homme, coureur d'amourettes. I, 10, 160, 161 ; II, 66.

Boccace. I, 1, 2, 5, 22, 29, 47, 61, 67, 71, 82, 86, 96, 104, 137, 143, 144, 147, 151, 186, 195 ; II, 126.

Bombance. II, 118.

Bon-hommeau, bonhomme. I, 33.

Bonde. « Lasche la bonde aux pleurs. » I, 201.

Bonne robbe, femme galante, facile. En italien, *buona roba*. I, 82.

Bonnet, coiffure imaginaire des maris trompés. II, 42.

Bouche cousue, silence ! II, 58.

Bouge, cabinet, réduit. II, 48.

Bourdon, bâton de pèlerin. I, 221.

Bout. II, 27. Le diable de Papefiguière, trompé deux fois, prétend avoir les récoltes *par le bon bout*. Serait-ce là l'origine de l'expression : « tenir le bon bout ? »

Braire, crier. « Et puis vien-t'en me braire ! » II, 60.

Branché, pendu. I, 81.

Bransler, bouger, remuer. II, 37.

Brasser, « A ton mary tu brassois un tel tour ! » I. 32.

Brave, bien vêtue, fringante. I. 84, 102.

Brevets, amulettes, caractères magiques. I, 71, 178.

Brin. « Sans brochet pas un brin. » II, 22.

Bruire, résonner, retentir. I, 141.

Bruit, renommée. I, 100.

BRUNEL. II, 105. Allusion à un passage de l'*Orlando innamorato*, lib. II, canto 11.

Buze, personne peu intelligente. I, 24.

C.

Cabale, intrigue. I, 3.

Cabinet. Ce mot est employé dans différentes acceptions. Il signifie cabinet de travail (I, 4); chambre à coucher (I, 12); chambre retirée (I, 147, 168).

Cadeaux, collations, repas offerts à des dames. II, 119. Je pense que ce mot est employé dans le même sens, t. I, p. 188, et non dans l'acception actuelle de *petit présent*.

CADMUS. I, 218.

Cagots, faux dévots. I, 60, 141.

Calande. Voir la note de La Fontaine. II, 22.

Camper. « On vous campe une créature. » II, 20.

Canaille, pauvres gens. « Travailler est le fait de la canaille. » II, 25.

Caphard. I, 138.

Caprioles, cabrioles, sauts en l'air. I, 83.

Capuce, capuchon. I, 138.

Carolus, petite monnaie. I, 42.

Carrousse (faire), boire avec excès. I, 128.

Cas, cassé. « Il parloit d'un ton cas. » I, 140.

Catalanois, Catalan, de Catalogne. I, 55.

CATALOGNE. I, 53.

Catalogue. « Un époux du grand catalogue » (II, 42), un mari trompé.

Catedral, qui est assis, du latin *cathedra,* chaise. II, 87.

CATULLE. II. 83. La Fontaine le cite à tort. Ce qu'il lui fait dire se trouve dans l'Epigramme VIII des *Priapées.*

Catus, cas, fait. II, 37.

Cavez, creusés. I, 11.

Céans, ici, ici dedans. II, 12.

Cedule, obligation. I, 35.

CENT NOUVELLES NOUVELLES. I, 1, 33, 47, 53, 82, 106, 108. Célèbre recueil de Nouvelles, composé à la cour du duc de Bourgogne, vers le milieu du XVᵉ siècle. M. Thomas Wright en a donné une excellente édition dans la *Bibliothèque elzevirienne,* d'après le seul manuscrit connu.

Cependant, pendant ce temps. II, 33.

Cettuy, cetuy, ce, celui-ci. I, 145 ; II, 23.

Chaille (qu'il m'en), que je m'en inquiète. I, 88.

Chambrière, servante. I, 29.

CHAMMELAY (Mlle de). II, 116. Marie Desmares, femme du sieur de Champmeslé, célèbre actrice de la Comédie-Française; elle fut l'amie de La Fontaine et la maîtresse de Racine.

CHAMPENOIS. I, 47, 49.

Chaperon, sorte de coiffure. La Fontaine l'emploie dans le sens de *femme.* II, 30.

Chapitrer. Réprimander en plein chapitre. II, 37.

Chappe. I, 17. « De la chappe à l'évêque, hélas ! ils se battoient. » C'est à-dire qu'ils se disputaient pour une chose qu'ils ne pouvaient avoir ni l'un ni l'autre.

Chartre, prison. II, 55.

Chasse (faire). I, 148. S'arrêter. Expression empruntée au jeu de paume.

Chasser. Prov. « Chacun sçait que de race communément fille bastarde chasse. » II, 31.

CHASTEAU GUILLAUME. I, 71. *Castel Guglielmo,* près de Ferrare, sur le chemin de Vérone.

CHASTEAU-THIERRY. I, 35.

Chausser (*difficile à*), qui n'entend pas raison facilement. II, 31.

Chaut (*il ne me*), je ne me soucie. I, 86.

Chef (*à*), à bout. II, 10.

Chemin (*aller le grand*), être très-commun. II, 15.

Cheu, tombé. « Or me voicy d'un mal cheu dans un autre. » I, 79.

Chevance, argent. I, 83.

Chiche, rare. « ... chiches et fiers appas. » II, 68.

CHINE. I, 222.

Chiorme, chiourme, l'équipe d'une galère. « La blondine chiorme » (I, 174), c'est la troupe des *blondins*, des amoureux.

Chopiner. II, 14.

Chrestien, s. m., gai compagnon, ce qu'on appelle un bon apôtre. II, 65.

Chrestien (*en*), en langage intelligible. II, 45.

Chrestienne, s. f., femme galante, portée au plaisir. I, 104; II, 17, 62.

Chuchillement, chuchotement. II, 49.

CICÉRON. I, 187; II, 106.

Cinq (*le*), le cinquième. I, 41.

Circonstancier. II, 21.

Cire. Venir de cire, comme de cire. II, 42, 80.

Clerc, savant. « Salomon, qui grand clerc estoit. » I, 18.

Cloistrier, qui tient du cloître. « Leurs cloistrières Excellences. » II, 85.

Cocluchon, coqueluchon, espèce de capuchon. I, 60.

Comme, comment. « Il n'en a point, comme en donneroit-il ? » II, 8.

Commettre, compromettre. II, 101.

Confection, terme de pharmacie. I, 151.

Confrères, les maris trompés. II, 130.

Connoisseuses (*les*). I, 8.

Contant, argent comptant. II, 104, 106.

Contant, comptant. I, 41.

Conte, compte. I, 32, 36, 188.

Convenant, convention. I, 186.

Convenir, falloir. II, 79.

Convoyer, escorter, accompagner. I, 33.

Coque, coqueluchon. I, 138.

Corde. La Fontaine a dit deux fois (I, 24 ; II, 70) : « Verront beau jeu si la corde ne rompt. » On croit cette expression proverbiale empruntée aux danseurs de corde.

Corner, publier. I, 106, 160.

Cornette, sorte de coiffure négligée ou de nuit, pour les femmes. I, 88, 112 ; II, 129.

Coucher, mettre au jeu. II, 82.

Coucheur, camarade de lit. I, 112.

Coudraye, lieu planté de coudriers ou noisetiers. II, 17, 118.

Coudrette, coudraie. II, 16.

Coulpe, faute. II, 107.

Coup, acte amoureux. « Avant le coup demandez la cedule. » I, 35.

Coup. Sans coup férir. I, 35.

Couper (à), en abondance. « Chaque reduit en avoit à couper. » II, 29.

Courage, cœur. I, 193.

Courte honte. II, 101.

Couvrechef, coiffure. II, 37.

Craché. Prov. « Vous ne sauriez faire que cet enfant ne soit vous tout craché. » I, 37.

Créature, femme, femme facile. II, 20, 65.

Critiqueur, celui qui aime à critiquer. II, 106.

Crocquans. II, 18.

Croix ne pile, pas d'argent. I, 145.

Croqueur de nones. II, 69.

Crotesque, tableau représentant des objets disparates. I, 46.

Cuir, peau. I, 65 ; II, 40.

Curieux, s. m. I, 158.

Cuveau, cuvier. II, 73.

Cuvier. II, 71 et s.

D.

Dam, dommage, risques. « A son dam! » II, 78.

De par moy, par mon fait. I, 93.

Dea, exclamation : dame ! I, 48; II, 31.

Déchet, déchoit. II, 89.

Dechevélée, désolée, qui s'arrache les cheveux. II, 111.

Déconforté. I, 141.

Décoron, décorum. I, 163.

Deduit, amusement, acte amoureux. II, 63, 65.

Défunt, qui n'existe plus, qu'on a perdu ; ci-devant. « Défunt Marquis, » I, 189 ; « défunt amant, » I, 192 ; « sa défunte Tiennette. » II, 16.

Dégoutante, qui dégoutte. II, 95.

Demeurant (le), ce qui reste. II, 92, 111.

Demeure, retard. I, 58.

Demy-ceint. Ceinture ornée de plaques d'argent ou d'or. I, 141.

Départis, partagés, répartis. I, 153.

Dépestrer. I, 31 ; II, 54.

Dépositaire, titre d'une religieuse. II, 86.

Desserre (dur à la), avare. I, 41.

Dessigner, dessiner. II, 20.

Deux (le), le second. I, 41.

Devers, vers. II, 102.

Dévolut, dévolu. II, 24.

Diableteau, petit diable. II, 25, 26.

Die, dise. I, 5 ; II, 77.

Discrète, titre d'une religieuse, II, 12.

Dismeur. Le peuple dîmeur, les moines. I, 59.

Divinité, maîtresse. II, 75.

Doint, donne. « ... Dieu me doint patience ! » II, 69.

Don d'amoureuse merci, faveurs de l'amour. I, 80,

Donselle, donzelle, fille ou femme galante. I, 24, 56. 77, 93, 94. 166, 171 ; II, 46, 64.

Dormitif. « Bons dormitifs en or comme en argent. » II, 82.

Douagna, duègne, vieille chargée de surveiller une jeune femme. I, 107 ; II, 80, 82.

Doute, crainte. II, 82.

Douter, se douter. « Ce qui m'a fait douter du badinage. » I, 34.

Drete, droite. II, 20.

Droit fil (aller de), directement. II, 17.

Droite, vraie. « Comme droites poupées. » I, 144.

Drosle, drôle. I, 24, 28, 29, 59, 88, 163, 165, 166, 171 ; II, 22, 25, 32, 45.

Dru, serré. « La femme fut lacée un peu trop dru. » II, 67. « Le nœud du mariage damne aussi dru qu'aucuns autres états. » II, 124.

Drue, vive, gaillarde. I, 102 ; II, 19.

Du tout, entièrement. I, 4, 24.

Duit, réussit. « Tout duit aux gens heureux. » II, 104.

E.

Eclairé, surveillé. I, 122.

Eclater, éclater de rire. « A ce propos le galant éclata. » I, 27.

Ecoutant (l'), celui qui écoute. II, 108.

Ecu couronné. I, 21. Les écus d'or *à la couronne* furent frappés sous Charles VII.

Eguillette, aiguillette, sorte de lacet ferré. II, 38.

Empaumer. II, 62.

En après, après cela. II, 33.

Enchérir, renchérir. I, 129.

Encommencée, commencée, en train. I, 49.

Encorneter (s'), se coiffer d'une cornette. « Messire

Bon se couvrit d'une jupe, s'encorneta... » I, 31. Inutile de signaler l'intention plaisante de l'auteur.

Endormant, narcotique. « Par le moyen d'une poudre endormante. II, 32.

Enger, embarrasser. « Il les engea de petits Mazillons. » I, 149.

Entente, pensée, intention. II, 64.

Entière, intacte. I, 100.

Entregent. I, 138.

Entrouïr. II, 78.

Envoyra, enverra. II, 44.

Envoyrez, enverrez. I, 76.

Epagneux, épagneuls. I, 2?1.

Epḥèse. II, 110.

Erre (grand), vite. II, 96.

Es, aux, dans les. I, 144.

Escarcelle, grande bourse. I, 25 ; II, 74.

Espace, espace de temps. I, 32.

Esope. II, 86.

Estreine, cadeau. « Si je l'avois, j'en ferois une estreine. » I, 86.

Etrange, étranger. II, 59.

Etrif, lutte. I, 83.

Euripide. I, 45.

Exaim, essaim. II, 36, 38.

Exploit, acte de procédure. II, 17.

Exploiter, agir. I, 37.

F.

Faciende, intrigue, affaire ; de l'italien *faccenda*. I, 162.

Façon, labour, en agriculture. La Fontaine emploie le mot dans ce sens, mais en l'appliquant à autre chose: « Une façon de plus ne fait rien à l'affaire. » (II, 47.) « L'époux de la dame a toutes ses façons. » (*Ibid.*)

Fantaisie, imagination. I, 190.

Faudray, manquerai. I, 33.

Faut, manque. I, 95.

Faux, méchant, pervers, traître. II, 29.

Faux (je), je me trompe. I, 49, 64.

Feal. I, 159; II, 43, 81.

Festiner. II, 55.

Filet (au), au crochet. II, 89.

Fillage, condition de fille. I, 122.

Fils de famille. II, 107.

Fine. « Toute fine seulette. » II, 16.

Finette, fine, rusée. II, 8.

FLORENCE. I, 61.

Florès (faire). I, 81.

Foin, interjection. « Foin! vostre habit sera gasté! » I, 208. « Foin de toy! » II, 60.

Forligner. II, 108.

Fors, excepté, hormis. I, 70, 105, 159.

Fors excepté. I, 48. Hormis. L'un des deux mots suffisait.

Fortune, accident, malheur. I, 36; II, 62.

Fouace. I, 52.

Foye. « ... Le galand a bon foye! » II, 72.

Franc, quitte. II, 47.

FRANCE. I, 126, 165; II, 13.

FRANÇOIS *(un)*. II, 43.

FRANÇOIS Ier. I, 33.

FRANÇOIS *(maître)*, Rabelais. II, 9, 23.

Frater, frère, moine. II, 53.

Frère Frapart, les moines. I, 56.

Frère Jean, moine. II, 32. Souvenir de frère Jean des Entommeures.

Friponneau. I, 31.

Frisque, vive, gaie, pimpante. I, 56.

Front de page, effronterie. I, 32.

G.

Galand, galant. I, 31; II, 36, 44, 72.

Galande. I, 23, 88, 109, 147, 163; II, 27.

GALAOR. I, 132.

Galer, battre, *gauler*. II, 26, 27.

Galoises, femmes galantes, aimant à s'amuser. I, 166. Voir l'histoire des Galois et des Galoises dans *Le Livre du Chevalier de la Tour Landry*, publié par M. A. de Montaiglon. Paris, 1854, in-16, p. 241 et s.

Game. Changer de gamme. I, 34; avoir sa gamme, chanter sa gamme. II, 18, 128.

Gans, gants, virginité. « Mainte fille a perdu ses gans. » I, 122.

—Avoir les gans d'une chose, en avoir la primeur. II, 18.

GANYMÈDE. I, 227.

Gard, garde. II, 62.

Garder, prendre garde. « Gardez le froc! » I, 137.

Gars. I, 18, 148, 205; II, 19.

GASCONS. I, 110 et s.; II, 45, 128.

Gaulois, à la vieille mode. « Pleurs et soupirs, gemissemens gaulois. » I, 166.

Gazouillis, gazouillement. II, 29.

Géniture. I, 158.

Gens de l'Evangile, pauvres d'esprit. II, 24.

Gent. « La gent qui n'aime pas la bize, » les moines. I, 76.

Gent, gente, gentil, gentille. II, 71, 92, 127.

Glace (rompre la), employé dans le sens de déflorer. I, 17.

Godet, employé pour *la mer*. « Adieu mon homme : il va boire au godet. » II, 10.

GONIN (*maistre*), I, 137, habile trompeur. On cite deux escamoteurs de ce nom, le père et le fils, qui vivaient l'un sous François Ier, et l'autre sous Charles IX.

Gouguenard, goguenard. II, 43.

Gourd, engourdi. I, 169.

Grain. ‹ Pas grain de jalousie. » I, 23.

Grammercy, granmerci, merci. I, 159, 185.

Grand'bande (la), la confrérie des maris trompés. I, 182.

Grècr. I, 37; II, 94.

Grecs *(les).* I, 36.

Grègues. II, 37.

Gresler, détruire. « Avoit de ce galant souvent greslé l'espoir. » I, 130.

Grisettes. I, 16; II, 65.

Grison, âne. II, 61.

Guerdonner, récompenser. II, 169.

Guimpe, morceau de toile dont les religieuses se couvrent le cou et le sein. I, 144; II, 65.

Guise, façon, manière. I, 89; II, 61, 87, 91, 110, 120.

H.

Habitacle. II, 137.

Haire, hère. I, 191; II, 70.

Haquenée, cheval qui va ordinairement l'amble. II, 78, 82.

Haranguer l'assistance, être pendu. II, 124.

Hard, hart. I, 39; II, 124.

Hastier. I, 168. Broche, rôtissoir, en patois champenois.

Haut. « Parler, crier du haut de sa teste, » de toute sa force. I. 155; II, 109.

Haut du jour (le), vers midi. I, 147.

Haut parage. I, 16.

Hélène. I, 174; II, 88.

Herbette. I, 220; II, 71.

Hère. I, 148. Voy. *Haire.*

Honnesteté, façons d'une personne bien élevée. « Son train de vivre et son honnesteté. » II, 76.

HORACE. I, 5, 46.

Hors, hormis, excepté. I, 186, 217, 218.

Hosties. « Du celeste couroux tous furent les hosties. » II, 137.

Huis, porte. I, 167.

Hui, huy, aujourd'hui. I, 158, 159, 165 ; II, 32.

I.

ILION. II, 94.

Illec, là. I, 36.

Imposer mains, battre. II, 31.

Inciter, exciter. II, 42.

Inexorable, s. f. « De sa charmante inexorable. II, 74.

Incessamment, sans cesse. I, 196.

Infecter, infester. I, 72.

Io, nom donné à une simple vache. II, 92.

Ire, colère. II, 107, 155.

ITALIE. I, 22, 33.

J.

Jà, déjà. II, 119.

Ja, certainement. « Ja de par moy ne manquera l'affaire. » I, 93.

Jamais onc, jamais. Pléonasme. I, 162.

Jargon, langage inintelligible, argot. I, 175.

Jeune fils, jouvenceau. II, 39.

Jeunette, toute jeune II, 92.

JOB. II, 125.

JOPPE, Jaffa. I, 134.

Jouer (envoyer). I, 157. On dit maintenant envoyer promener.

Joueur de quilles (beau), homme vaillant en amour II, 69.

L. F., CONTES. II. 12

Jouissant. II, ·04.

Jouissans (les). I, 76.

Journées (faire tant par ses). II, 75.

Jouvenceau. I, 3o, 198 ; II, 13, 35, 37, 39, 66, 71, 92, 103.

Jouxtes, joûtes. II, 80.

Jupïn, Jupiter. I, 227.

K.

Kyrielle. I, 34.

L.

Lacqs, lacs, las, lacs. I, 15, 140, 229; II, 85.

Laidement, vilainement. I, 33.

Lais, laïques. I, 57.

Lame (bonne), gaillarde, décidée. II, 12.

Lampas (humecter le), boire. I, 40.

Lamporechio. I, 143.

Lance enchantée. I, 178. La lance d'Argail, dans l'Arioste.

Languarde, bavarde, médisante. I, 83.

Lansquenet. I, 12.

La prudoterie. II, 110. La belle-mère de Georges Dandin était de cette illustre maison.

Lard (manger le), faire quelque mauvais coup. I, 138. C'était le reproche qu'on faisait aux huguenots.

Latin (perdre son). II, 106, 127.

Leans, là dedans. I, 144, 157 ; II, 33, 34, 36.

Légation. II, 118.

Légende, liste. I, 183.

Lesse, laisse. « La cassette en lesse suivant. » I, 118.

Lice (entrer en), commencer le combat amoureux. II, 128.

Lieu dit, lieu dont on a parlé. « Dans le lieu dit Janot la fit entrer. » I, 25.

M.

à propos de femmes, qu'on veut troquer comme des chevaux. II, 15.

Malin (le), le diable. I, 144.

MANS *(le)*. II, 103.

MANTO *la fée*. I, 219.

MANTOUE. I, 219.

Marjeolet. II, 69.

MAROT. I, 44.

MARPHISE, une héroïne de l'*Orlando innamorato*. II, 105.

Marqué (fruit, c'est-à-dire enfant), enfant qui porte la marque d'une envie qu'a eue sa mère pendant sa grossesse. II, 51.

MARSEILLE. II, 126.

Masse. terme de jeu ou de pari. II, 15.

Mastin, mâtin, méchant homme. I, 161.

Mauvais, exposé à quelque grand malheur. « Vous seriez un mauvais homme. » I, 19.

Mauvais, méchant. « Je suis du moins aussi mauvais que luy. » I, 28.

Mazet. C'est le héros du 16ᵉ conte de la 2ᵉ partie, dont La Fontaine a fait un nom générique pour dési-guer un *croqueur de nonnes*. II, 86, 87, 89.

Méchant, malintentionné. « C'est un méchant : il me tint l'autre fois propos d'amour.... » I, 30.

Mécroire. I, 114; II, 109.

Mégnie. II, 107. Commensaux, parents ou domestiques; toute la *maisonnée*. C'est l'ancien mot *mesnie*.

Mémarchure, terme d'art vétérinaire. I, 72.

Membre, gigot. I, 168.

MENANDRE. I, 45.

MÉNÉLAS. I, 174; II, 88.

MENPHIS. I, 219.

Meschante, femme de mauvaises mœurs. « Notre institut condamne une meschante. » II, 37.

MESLE, petite ville à quatre lieues d'Alençon. I, 38.

Mesnager, économe. I, 171.

Messer, messire. I, 94, 99, 161, 162.

Messire à longue queue, homme riche, titulaire de plusieurs domaines. I, 187.

Messire tout court, homme ruiné. I, 187.

Métail, métal. I, 187; II, 148.

Mévienne, mésarrive. II, 78.

Mignonne, maîtresse. « Et vous pourriez avoir vingt mignonnes en ville. » I, 173.

Mince, le Mincio, rivière d'Italie. I, 219.

Mingrelet, homme maigre, débile. II, 23.

Mirer, regarder avec attention. II, 69.

Mis, servi, mis sur table. « Le souper mis. » I, 168.

Moinillons, petits moines. I, 60, 149.

Monaût, qui n'a qu'une oreille. I, 48.

Monsieur Dimanche, créancier. I, 174. Nom emprunté à Molière, *Festin de Pierre,* acte IV, sc. III.

Monstre, montre, revue. I, 29.

Monstreur, celui qui fait profession de montrer quelque chose. II, 42.

Monument, tombeau. I, 122.

Morgue (tenir sa), avoir l'air fier, faire le suffisant. I, 184.

Mots dorez, paroles accompagnées de cadeaux. « On dit qu'il parloit comme un ange, de mots dorez usant toûjours. » II, 64.

Motus, silence ! II, 58.

Moustier, *moutier*, monastère, pris dans le sens d'église. I, 96, 176, 207.

Moutonnaille, troupeau de moutons. II, 9.

Mue, cage où l'on enferme la volaille pour l'engraisser. « Se tenir en mùe » (I, 26), se ménager beaucoup.

Muguets. I, 34.

Mules, pantoufles. II, 48.

N.

N', ni. I, 64, 161 ; II, 28.

Naples. I, 22 ; II, 123.

Narré, récit. II, 79.

Naviger, naviguer. I, 118; II, 10.

Ne, ni. I, 145; II, 28, 55.

Ne fera, cela ne sera point, n'arrivera pas. I, 141; II, 37.

Nenny da, non. I, 144.

Neuf, novice. I, 203; II, 44.

Nice, niaise. I, 48.

Noise, querelle, dispute. II, 108, 120.

Nonain, religieuse. II, 12, 26, 30, 65, 66, 68, 84, 86, 87.

None, *nonette*, religieuse. I, 144; II, 12, 26, 35, 37, 65, 88.

NORMANDS. II, 103.

Nouvelle, novice. « Ma servante est un peu nouvelle. » II, 22.

O.

Onc, jamais. I, 31, 39, 41; II, 17, 28, 118.

Ores, maintenant. II, 92.

Ost, armée. I, 186.

Ouailles, brebis. II, 9. Employé au figuré. II, 45, 56, 67.

Ours, sauvage, peu sociable. « Bien fait de corps mais ours quant à l'esprit. » I, 195.

Oust, août. II, 25.

Outre nature, plus fort que la nature ne le comporte. II, 45.

Ouy dea, oui. II. 11.

OVIDE. II, 133, 139.

Oyez, écoutez. II, 101.

Oyson, esprit borné. « Lise n'estoit qu'un miserable oyson.» II, 6. « Messire Jean, laissons là cet oyson. » II, 60.

P.

Pact, pacte. I, 72; II, 73.

Page, vêtement de page. « En page incontinent son habit est changé. » I, 228.

Paillard, pauvre diable, homme qui couche sur la paille, ou à peu près. I, 41, 160, 161.—Méchant homme. I, 138.

Pailler, habitation misérable, chaumière. « En mon pailler il ne m'est rien resté. » I, 193.

Pair (se tirer du), se placer au-dessus de la foule. II, 52.

Païs (être de son), être bête. « Je suis bien sotte et bien de mon païs. » I, 26.

Palefroi. I, 132, 134.

Panache, ornement imaginaire de la coiffure des maris trompés. I, 181.

Papefigue, pays de l'invention de Rabelais. II, 24.

Papelars, hypocrites. I, 142.

Papimanie. II, 23. Voy. Rabelais, liv. IV, chap. 48.

Par soy (à), à part soi. II, 17.

Pardons, indulgences accordées par l'Eglise. I, 26, 93, 224; II, 74. « Prou de pardons il avoit rapporté ; de vertus peu. » I, 29.

Parenté (la), les parents. II, 49, 121.

Parfaire, achever, compléter. I, 50.

Parguenne, sorte de juron; pardieu. II, 14.

Paris (ville). I, 22, 86; II, 106.

Paris (héros troyen). I, 174; II, 88.

Paroles de présent. La Fontaine explique lui-même le sens qu'il donne à cette expression. II, 104.

Parrein. « Parrain en cocuage, » celui qui trompe un mari. II, 48. « Parreins du Roy. (?) » II, 19.

Part, partie. « Part du tronc tombe en l'eau. » I, 116. — « De sa part, » de son côté. I, 142; II, 105, 148.

Partir, partager. I, 83.

Pas, préséance. II, 129.

Passer, y passer. « Il faut que l'une ou l'autre passe. » I, 131.

Passevolant. II, 121.

Patente, titre, brevet. I, 188.

Point, pique. I, 90, v. 15.

Poisson, nom donné à une personne qui ne parle pas. II, 81.

Poli, joli. « Vous me rendrez une jument polie. » II, 61. Ce mot est encore employé dans le midi avec la même acception.

Portaux, portails. I, 166.

Porte-bourdon, pèlerin. I, 222.

Portécaille (la gent), les poissons. II, 13.

Pose, pause. I, 63 ; II, 89.

Poste (courir une), faire un exploit amoureux. « J'aurois couru volontiers quelque poste. » I, 20.

Poupon, enfant. I, 38, 158 ; II, 35.

Pour un seul, pas qu'un seul. « Les autres n'ont pour un seul adversaire. » I, 144.

Pourchas, poursuite, recherche. « Et n'estant homme en tel pourchas nouveau. » I, 30.

Pourpris, enclos. II, 29.

Préciput, terme de jurisprudence. Ce que le testateur donne à un des héritiers de plus qu'aux autres. « Par préciput à notre belle on laisse le jeune fils. » II, 39.

Preconter, déduire, retrancher. I, 41.

Presche, sermon, discours. I, 54.

Prescher sur la vendange, parler volontiers de boire. II, 55.

Priam. II, 94.

Prou, assez. I, 29. « Bon prou vous fasse, » grand bien vous fasse. I, 40.

Psautier, nom donné à certaine coiffure de religieuses. II, 35 et suiv.

Puis après, après. C'est un pléonasme. I, 148.

Q.

Quart (le), le quatrième. I, 41. — Le *quart en sus*, terme de finance. C'était quelque chose d'analogue à notre *décime de guerre*. « Du quart en sus, » surabondamment, plus qu'il ne faudrait. I, 103.

Quasi, presque. I, 32.

Que, ce que. I, 193.

Question, torture. « Figurez-vous la question qu'au sire on donna lors. » II, 68.

Quidam. I, 81, 174.

QUINTILIEN. I, 44.

R.

RABELAIS. I, 1, 108. Voy. FRANÇOIS (*maître*).

Rage (*faire*). I, 220.

Rebelle, difficile à dompter. « Mais le cœur tant soit peu rebelle. » I, 111.

Receveuse, femme du *Receveur*. II, 31.

Recipe, ordonnance de médecin. II, 12.

Récipiendaire. II, 47.

Réconfort. I, 182 ; II, 141.

Rehausser, lever. « De rehausser le linge de la fille. » I, 87.

REINE DE NAVARRE (la). I, 82.

Relais (*être de*), être inoccupé. II, 43.

Relever, terme de cuisine. « On releva grillades et festin. » I, 170.

Remède, lavement. II, 105.

Remise, lettre de change. II, 117.

Remparer. II, 122.

Rencontre, employé au masculin. « ... les Dieux en ce rencontre ont tout fait pour le mieux. » I, 27.

Rencontrer, tomber juste. « Astolphe rencontra dans cette prophétie. » I, 22.

Rendre, aboutir. « Un brin de fil qui rendoit à la porte. » I, 94.

Rengreger, augmenter, aggraver. II, 111.

Reniable, niable. II, 99.

Renvoyrez, renverrez. II, 79.

Retour de matines, déduit matinal. « Cette locution vient de ce que les moines étaient plus dispos et plus gaillards au retour de matines, après le repas qu'ils prenaient avant de se remettre au lit. » I, 42.

Retourné, de retour. II, 17.

Revancher (se), prendre sa revanche. I. 52.

Reverence, respect. « Par reverence on ne les nomme guere. » II, 59.

RHEIMS. I, 165.

ROBIN. « Toujours souvient à Robin de ses flûtes. » II, 66.

Roc, terme de jeu d'échecs. « Ny Roy ny roc. » I, 162.

ROGEL, Roger, fameux paladin. I, 132.

ROLAND, célèbre héros des romans de chevalerie. II, 109.

Rollet, rôle. I, 83.

ROME. I, 7, 29, 61, 93, 111; II, 13, 18, 31, 43, 44, 45, 48, 74, 123.

ROUEN. II, 13, 18.

Rouge par tout. Tel était le calendrier du vieillard. I, 100. Autrefois, dans les calendriers, les jours de fête étaient marqués en rouge.

Ruraux, campagnards. « Esprits ruraux volontiers sont jaloux. » II, 31.

Rustaut, rustaud. I, 162.

Rustiq, rustique, champêtre. II, 56.

S.

S. Croissant en Vavoureuse. II, 49. Ce nom rappelle Saint-Genou, près Saint-Julien des Voventes, où demeuraient les deux dames dont parle Villon, *Grand Testament*, huit. XCIV.

S. JACQUES DE COMPOSTELLE. I, 223.

S. JEAN. I, 88.

S. Julien. I, 71 et suiv.

Saint Gelais. I, 44.

Salomon. I, 18.

Sans que, si ce n'était que. II, 101.

Sans-dents, édentées. II, 70.

Sapience (pays de), la Normandie (II, 13), et surtout le Maine (II, 103).

Sausse. Faire la sauce à quelqu'un, le réprimander, sinon le battre. II, 99.

Saut (faire le). II, 12. Les moutons de Dindenaud ont sauté à la mer; les ouailles de l'abbesse *font le saut* l'une après l'autre. Le rapprochement explique d'une façon heureuse l'expression proverbiale.

Scamandre. II, 93.

Seconde. « Leur fureur n'a point de seconde, » ne souffre pas de comparaison. II, 88.

Seoir, asseoir. II, 79.

Sermonneuse. II, 38.

Serviteur, amoureux. I, 175.

Seulette. I, 48, 169; II, 16, 107.

Seur, sûr. « Janot est seur, j'en réponds sur ma vie. » I, 27.

Si, ainsi, de telle sorte. « Si qu'il y faut moines et gens capables.» II, 130.—«Par tel si ». à condition. II, 74.

— Pourtant, néanmoins. I, 89; II, 65.

Signer (se), faire le signe de la croix. I, 147.

Signora, dame. I, 143.

Sire, seigneur; gaillard déterminé; pauvre diable. I, 47, 146, 148, 164, 185, 204, 223; II, 45, 46, 49, 63, 70.

Soigner, pourvoir. « Rien, rien, dit-il; à cela j'ay soigné. » I, 49.

Solacier (se), se réjouir. II, 26.

Solution de continuité... II, 28.

Sophocle. I. 45.

Soubrette. II, 104, 126.

Soudar (franc), mauvais garnement. I, 104.

Soulas, plaisir, joie. I, 22.

Souris, sourire. I, 28.

Soûte, soulte. II, 15, 16.

Souventes-fois, souvent. I, 177.

Suffragant, suppléant. « Si vostre femme de sa grace ne vous donne aucun suffragant. » I, 184.

Supposer, substituer. « Le dédommagement fut que le sort en sa place suppose une soubrette à mon commandement. » II, 126.

Surot, suros. II, 15. Maladie des chevaux. Il s'agit ici d'une femme, mais d'une femme qu'on veut troquer contre une autre, ce qui justifie l'emploi des termes d'art vétérinaire.

T.

Tendron, jeune fille. I, 20, 88, 97; II, 29.

Tenir coup, tenir tête, tenir le jeu proposé par le partenaire. I, 144.

Terence. I, 2, 45.

Terrien (grand), propriétaire de terres. I, 188.

Thèbes. II, 140.

Tiers (le), le troisième. I, 41.

Timon, employé au figuré. II, 88.

Tout à l'heure, à l'instant, sur-le-champ. I, 18, 101.

Tout ne fust, tout au plus. « Il n'avoit pas quinze ans que tout ne fust. » II, 66.

Toute nuit, toute la nuit. I, 66.

Tomber sur leurs routes, se trouver sur leur chemin. I, 145.

Top, tope. Terme de jeu ou de pari. II, 15.

Tondre. Prov.: « Mais pour si peu vous ne vous feriez tondre. » I, 41.

Touraine. II, 91.

Tourner autour du pot. I, 204.

Touzelle, tousesse, sorte de froment. II, 25.

Tracas, affaires. « Tes choux, tes aulx, enfin tout ton tracas. » II, 58.

Traisne-malheur, pauvre diable, misérable. II, 60.

Trame, le fil de la vie, selon la fable. II, 142, 152.

Tramontane (perdre la), perdre la tête. II, 88. *Tramontane* était autrefois le nom de la boussole.

Transissois (je), j'étais transi de froid. I, 79.

Triompher, se faire gloire de... « triomphoit d'estre inconsolable. » I, 8.

Trocquans, troqueurs. II, 18.

Trop bien, très bien. II, 36, 102.

Trousser bagage, faire ses paquets, partir. I, 142.

Troye. II, 88, 94.

Turquie. I, 51.

V.

Vaillant, avoir. « Car vous sçavez que c'est tout mon vaillant. » II, 57.

Vasselage, querelle, mauvais traitement. II, 47.

Veau, imbécile. II, 60.

Vendiquer, évoquer, revendiquer. II, 17, 62.

Vendome *(le duc de)*. II, 133. Louis-Joseph, duc de Vendome, né le 1er juillet 1654, mort en 1712.

Venelle (enfiler la), s'enfuir. II, 125.

Vent (reprendre son), reprendre haleine. I, 210.

Vent ni voie, aucune trace, terme de venerie. I, 167.

Vergogne, honte. II, 59.

Verser, retourner. « Verser un champ. » II, 24.

Veue, yeux. « Je te dechire, et te saute à la veue. » I, 26. — « De l'étrangler, de luy manger la veue. » I, 31.

Vicegerent. I, 224.

Victus, vaincu. II, 76.

Vieil de la Montagne. II, 28. C'était le titre qu'on donnait aux chefs des Ismaéliens de Perse et de Syrie. On appelait ces sectaires *Assassins*, du mot *haschisch*, dont la signification est maintenant bien connue en Europe. Voy. le *Livre de Marco Polo*, Paris, Didot,

1865, gr. in-8, et les savantes notes de M. G. Pauthier p. 97 et suiv.

Vigne de l'abbé (?.). II, 107.

Vigne du Seigneur (*travailler la*), employé dans un sens ironique. I, 53.

Vilain, manant, pauvre diable. II, 24 et suiv.

Vin de l'adieu. Le dernier coup qu'on boit avant de se quitter. Employé au figuré. I, 32.

Virgile. I, 5.

Vivre, victuailles. I, 154.

Voire, vraiment, même. I, 84, 162 ; II, 33, 120.

Voirie, nom injurieux donné par l'abbesse à une jeune religieuse. « Qui nous a fait recevoir parmi nous cette voirie ? » II, 37.

Voiture. I, 44.

Volatille, s. f., oiseau, volatile. II, 135.

Vray, le bon, celui qu'il faut. « Elle eut bien-tost trouvé le vray balot. » I, 77.

Vulcan, Vulcain. I, 184.

Xantus, le maître d'Esope. II, 86.

Zeuxis. II, 136.

TABLE DES MATIÈRES

DU TOME II

FIN DE LA TABLE DU TOME II ET DERNIER.

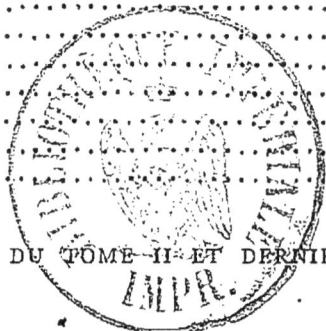

Paris.—Imprimerie de Jules Bonaventure.

www.ingramcontent.com/pod-product-compliance
Lightning Source LLC
Chambersburg PA
CBHW070358090426
42733CB00009B/1464